「あの世」の名画

絵画で読み解く世界の宗教

蔵持不二也・監修
Fumiya Kuramochi

JIPPI Compact

実業之日本社

はじめに

人間は必ず死ぬ。死なない人間はいない。それゆえ、誰しも死後のことを考える。無になるだけ、と考える人もいるだろう。精神や魂といったものが脳という物質の上に成り立っているとすれば、脳が死んで消滅するとともに、精神や魂も消えてなくなる。したがって、死の先には何もない――。これも立派な死後の世界観である。

その一方、天国や地獄などの死後の世界、いわゆる〝あの世〟があり、死ぬとそこに行くことになる、という考えも存在する。これは人類がはじまって以来、あらゆる民族・文化が持ち続けてきた概念で、現代にも受け継がれている。

2008年に実施されたある調査では、あの世が「絶対にある」または「たぶんあると思う」と回答した日本人の割合が、全体の約4割に達した。科学文明がこれだけ発達した世の中にあっても、多くの人々があの世の存在を信じているのだ。

それでは、あの世はどのような場所なのか。その疑問に答えるのが本書である。

あの世の世界観は、時代や文化によって大きく異なるが、宗教ごとに特色が見られる。たとえばキリスト教の天国は、アダムとイヴが暮らすエデンの園を想起する人が多いだろう。一方、仏教の地獄は鉄板の上で焼かれたり、深い鍋で煮られたりする灼熱の地獄のイメージが強い。イスラーム教、ヒンドゥー教、道教、神道など、あるいはギリシアや北欧などの神話もまた、それぞれ独自の死生観をもっている。

本書は各宗教・神話が言及しているあの世の世界観を、絵画を用いて紹介している。古今東西の絵画は、心安らぐ天国や思わず震え上がるような地獄の姿をより豊かにイメージさせてくれるだろう。

繰り返すが、人間は必ず死ぬ。そのあとにどのような世界が待っているのか、本書を読んで想像を深めていただければ幸いである。

蔵持不三也

目次

あの世の住人

第二部 東方世界のあの世

あの世の住人

写真提供／アフロ／The Bridgeman Art Library／東京藝術大学／長岳寺／知恩院／浄福寺／當麻寺／京都国立博物館／龍谷大学図書館／飛鳥園

カバーデザイン／杉本欣右
本文レイアウト／Lush! 地図／伊藤知広

あの世とは何か？

人はなぜ、死後の世界について考え、イメージするのか？

――死後の世界は死を認識したときに生まれた

人間は死んだらどうなるのか――。死という道を避けて通ることのできない人間にとって、これは普遍的・根源的な問題といえる。現在の意識は残るのか、ただの無となって消滅してしまうのか。別の世界に生まれ変わるのか、そこはどんな世界なのか。そもそも死後の世界は存在するのか。

これらの疑問について、人々は古くからさまざまな考えをめぐらせてきた。そうしたなかで誕生したのが死後の世界、つまり「あの世」という概念だ。

歴史をさかのぼれば、太古の昔から現代に至るまで多くの民族が興亡《こうぼう》を繰り返してきたが、死後の世界が存在しないと考える民族はほとんど見当たらない。死によって人間が無になってしまうと、死というものの恐怖にさいなまれるし、何のために生きているのか、そもそもなぜ生まれてきたのかという問題が生じる。

また、死後の世界があると考えることは、人間の社会的・道徳的・精神的秩序を形成する際に大きな力となった。生前に善行をすれば死後の世界で天国に行き、悪行をすれば地獄に堕《お》ちる。このような考え方が悪に対する抑止力《よくしりょく》となったのである。

つまり死後の世界とは、死への恐怖を回避する手段であると同時に、社会的・道徳的・精神的秩序を維持するための知恵の一つでもあったのだ。

――宗教が死後の世界の形成に重要な役割を果たした

死後の世界の形成において、宗教が果たした役割も無視できない。多くの宗教は、死んだらどうなるのかという、人間にとって普遍的・根源的な問いに答えることからはじまったといわれる。あの世について語り、死の不安をやわらげる装置として、宗教は機能したのだ。

自然崇拝や葬送儀礼などの宗教的行為は先史時代からみられ、次第に体系化。やがて世界各地でさまざまな宗教が生まれた。現在ではキリスト教、イスラーム教、仏教などのように世界にあまねく広がっている世界宗教があれば、ユダヤ民族のためだけのユダヤ教、インドのヒンドゥー教やジャイナ教、中国の道教、日本の神道などのように、特定の地域やそこに暮らす民族に根ざした民族宗教もあり、じつに多様である。

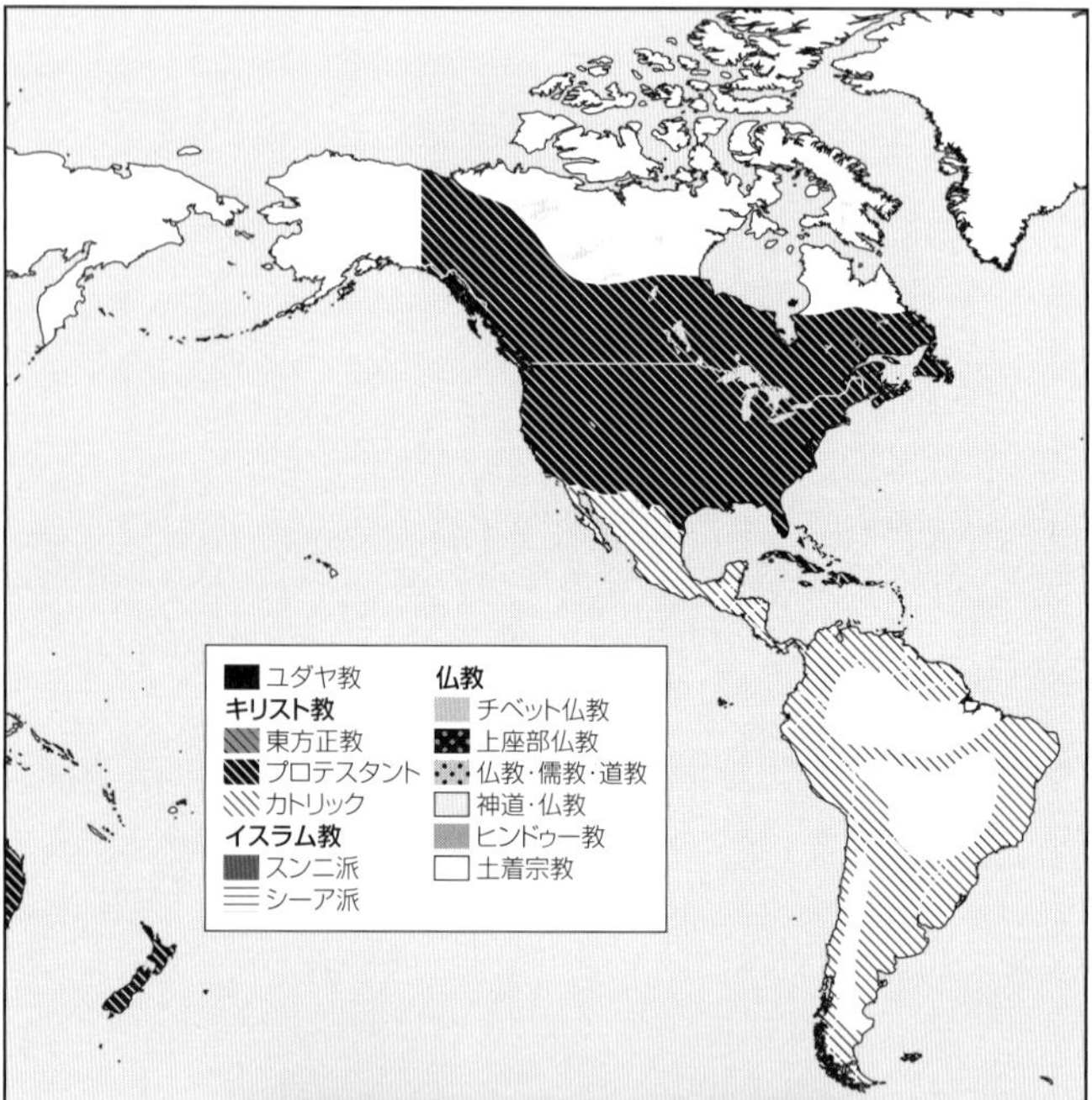
ユダヤ教
キリスト教
東方正教
プロテスタント
カトリック
イスラム教
スンニ派
シーア派
仏教
チベット仏教
上座部仏教
仏教・儒教・道教
神道・仏教
ヒンドゥー教
土着宗教

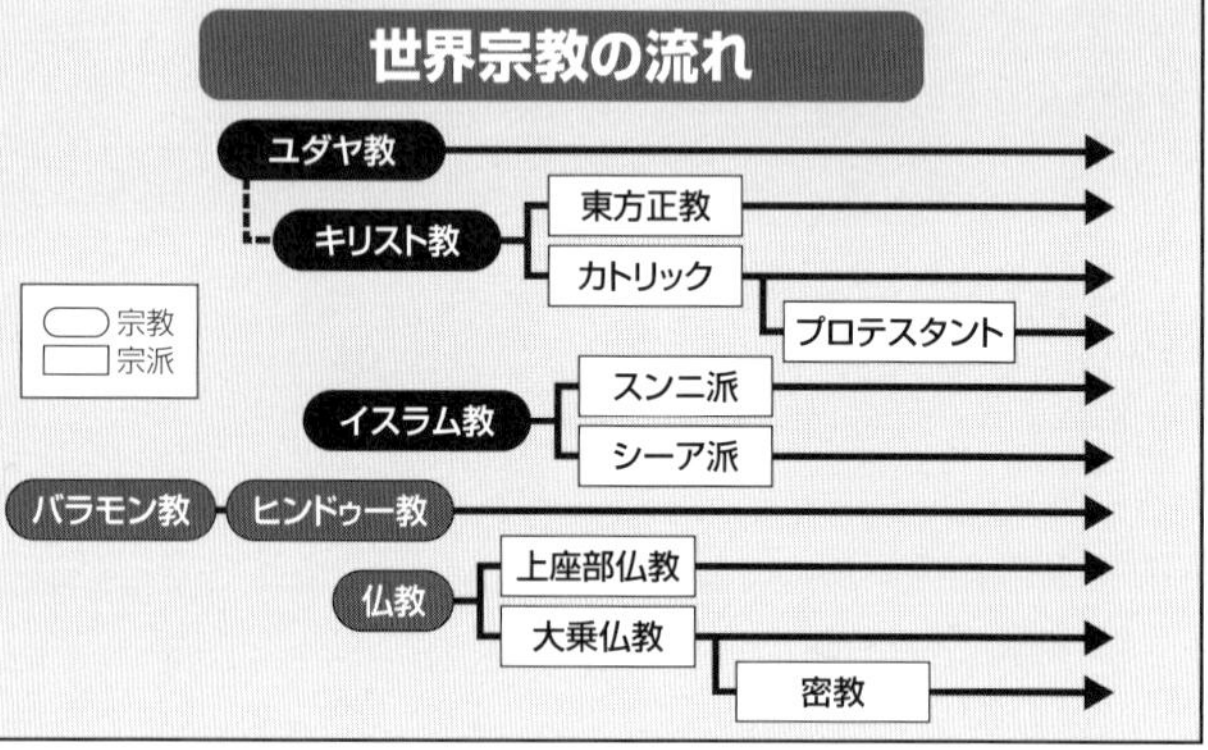
世界宗教の流れ
宗教
宗派
ユダヤ教
キリスト教
東方正教
カトリック
プロテスタント
イスラム教
スンニ派
シーア派
バラモン教
ヒンドゥー教
仏教
上座部仏教
大乗仏教
密教

世界の宗教分布

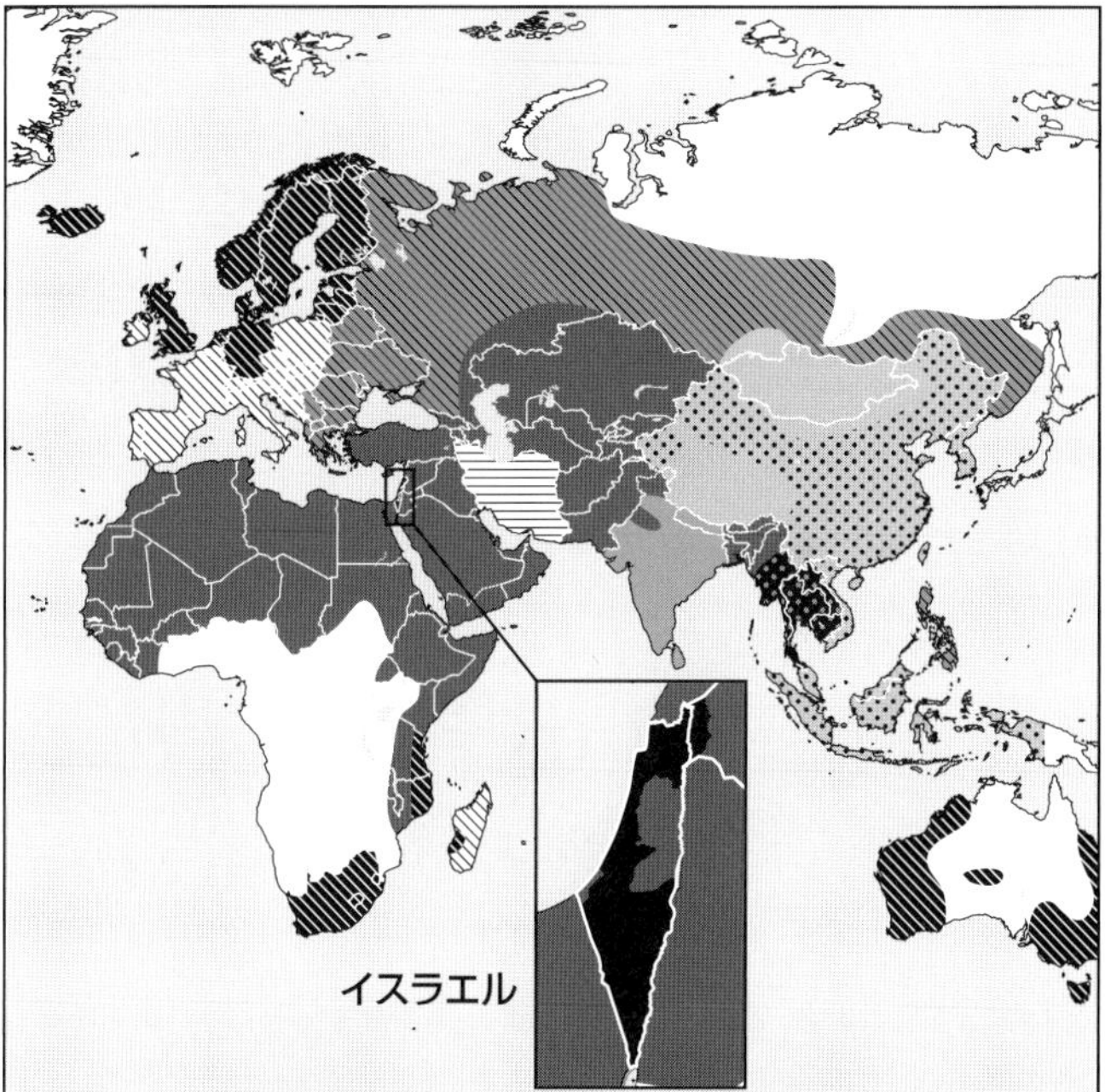

主な宗教の天国と地獄

	ユダヤ教	キリスト教	イスラム教	ギリシア神話	仏教	神道
天国	パルデス	天国	ジャンナ	エリュシオンの野	極楽	高天原
地獄	ゲノヒム	地獄	ジャンナハム	タルタロス	地獄	黄泉の国

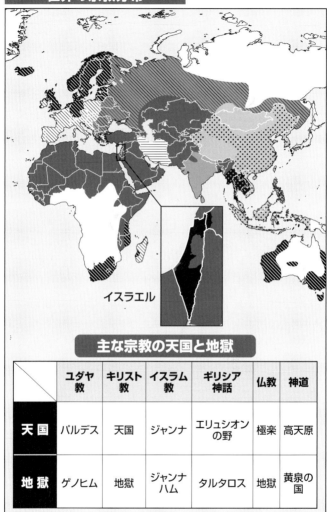

さらに同じ宗教であっても、キリスト教にカトリックやプロテスタントがあり、イスラーム教にスンニ派やシーア派があり、仏教に大乗《だいじょう》仏教や上座部《じょうざぶ》仏教があるといった具合に、分派が存在しているケースも少なくない。

各宗教の教義によって死後の世界のイメージはさまざまだが、全体を俯瞰《ふかん》するといくつかのタイプに分けることができる。

もっともわかりやすいのが、天国（極楽）と地獄に分けるものだ。生前に善い行いをしたか、悪い行いをしたかで天国行きか地獄行きかが決められ、天国行きなら幸福な生活が、地獄行きなら過酷な責め苦が待っているとされる。

教義や開祖は違うが同じ神を信奉するユダヤ教、キリスト教、イスラーム教はこのタイプ。これに対し、仏教やヒンドゥー教は生まれ変わりを何度も繰り返したり、動物などに生まれ変わることもある輪廻転生《りんねてんせい》を説く点で、キリスト教などとは大きく異なる。北欧神話のように、どのように死んだかで天国行き・地獄行きが変わるケースもある。

一方、明るく楽しい場所か、暗く陰鬱な場所かで死後の世界を分けることもできる。前者の代表例が古代エジプトの冥界《めいかい》で、死者は現世と同じような環境で活気にあふれた生活を送ると考えられていた。後者の代表例はギリシア神話の冥界ハデス。この楽観論・悲観論での分類は古い伝統をもつ宗教や神話で多くみられるタイプだ。

第一部　西方世界のあの世

西方世界のあの世

「一神教」が死後の世界観の重要なキーワード

――きょうだい関係にあるユダヤ教、キリスト教、イスラーム教

欧米や中東諸国にはユダヤ教、キリスト教、イスラーム教が広く浸透している。これら3宗教は同じ一つの神を崇める一神教。ユダヤ教ではヤハウェ、イスラム教ではアッラーなど、各宗教で呼び名は異なるが、人類に啓示《けいじ》を与える唯一の神を崇拝していることに違いはない。いわば「きょうだい」のような関係にあるのだ。それだけに、死後の世界についての考え方にもよく似た部分がある。

3宗教のなかで最初に成立したユダヤ教は当初、死者は善人であろうと悪人であろうと、みなシェオールと呼ばれる冥界《めいかい》へ行くとしていた。だが紀元前後になると、まもなく世界が終わり、神による最後の審判で選ばれた者は天国に、選ばれなかった者は地獄に入るという考え方が生まれてきた。

ユダヤ教から生まれたキリスト教も、死者に対して最後の審判が行われ、生前に善い行

『最後の審判』（部分）

ミケランジェロ・ブオナローティ　1535-41年

画面中央に描かているのが最後の審判を下すキリスト。ユダヤ教、キリスト教、イスラーム教では最後の審判が重要な意味をもつ

いをした者は天国へ行って幸福に浸り、悪い行いをした者は地獄へ行ってさまざまな責め苦を与えられると説く。さらにイスラーム教にも、天国と地獄、そして最後の審判の考え方が受け継がれた。

もちろん、3宗教が成立する以前にも死後の世界は存在していた。それを語るのがギリシア、北欧、ケルトなどの神話で、各々が死後の行き先について言及している。

神話で語られる死後の世界は、人間の住む世界とそう遠く離れていない。生者の世界の延長線上に楽園や地獄があるというイメージだろうか。具体的な世界観に関しては、その土地の風俗や信仰に応じた独自のヴィジョンによって創出される傾向がみられる。

世界の寿命は7000年!? 異教徒は全滅する!

強欲で堕落した世界が神の怒りによって滅ぼされようとしている。人間はまったくの無力で、なすすべはない。まもなく世界は終わりを迎えるのだ

【部分】
救いを求めてのたうちまる人々

『神の大いなる怒りの日』ジョン・マーティン
1851-53年　テート・ブリテン（イギリス）
大地が裂け、大勢の人々が落ちていく。天からは地上をめがけて巨石が落下してくる

【部分】
都市と思しき建物群が崩れ落ちる

✝神の怒りによって世界が滅びる

世界の多くの宗教が、この世の終わりに待ち受ける人類の運命を語る「終末観」をもっている。キリスト教も例外ではなく、新約聖書の最後の『ヨハネの黙示録《もくしろく》』には「千年王国」と「ハルマゲドン」という終末観が描かれている。

『ヨハネの黙示録』によると、神が創造した世界には7000年という寿命が定められている。最初の6000年は、アダムとイヴの楽園追放にはじまる人間の不実の時代。神の教えに背き、信仰を怠る人間であふれた世界には地獄の支配者サタンの力が及ぶようになり、世界は汚れてしまう。

これに怒った神は、世界を滅ぼすことを決意する。地上にあらわれた7人の天使がラッパを吹くたびに、世界はどんどん災厄に包まれ、多くの人間が死んでいく。7つ目のラッパが吹かれると地上は神によって支配され、キリスト教徒以外は絶滅。神が7つの鉢を傾けたとき、ついに世界は滅びる。

神の怒りによって滅びようとしている世界、逃げ惑う人間たち。その光景を描いた絵画が、19世紀ロマン主義の画家ジョン・マーティンによる『神の大いなる怒りの日』だ。マーティンは神話や聖書に描かれる悲劇的結末の作品を得意とした画家で、当時、天変地異や終末の光景を描かせれば、彼の右に出る者はいないといわれるほどであった。

作品中の人間はみな恐怖に打ち震え、救いを求めてのたうちまわっている。しかし、神の圧倒的な力の前にはまったくの無力で、大地の裂け目に落とされてしまう。こうして世界は滅亡を迎えるのである。

✝世界最終戦争、そして再び天地創造

その後、神と再臨したキリストが統治する幸福な「千年王国」がはじまる。殉教者たちも生身の肉体をもって復活し、美味しい食事や酒にあふれた暮らしを堪能。さらに神とキリストとともに、王国の統治に参画したりする。千年王国はまさに〝この世の天国〟だ。

しかし、「千年」という名前からわかるように永遠ではない。1000年たつとサタンがよみがえり、神に最後の戦いを挑む。この世界最終戦争の現場を『ヨハネの黙示録』では「ハルマゲドン」といい、東西冷戦時にはしばしば核戦争の惨劇にたとえられた。

ハルマゲドンで神とサタンは激しく戦い、最後は神の側が勝利する。サタンは永遠の火と硫黄の海に投げ込まれて滅びるが、人間もすべて滅んでしまう。

しかし、これで世界が終わるわけではない。ここから、神による新たな天地創造がはじまり、永遠の神の国へと進んでいくのである。

最後の審判

あなたは天国、きみ地獄！　生き返ってもすぐあの世へ…

中央パネルには最後の審判の様子、左パネルには天国行きの者たち、右パネルには地獄行きの者たちが描かれている。この一枚の絵画をみれば、最後の審判とその後の展開が一目でわかる

地獄行きになると、悪魔たちによって炎に放り込まれる

『最後の審判』　ハンス・メムリンク
1467-71年　グダニスク国立博物館（ポーランド）

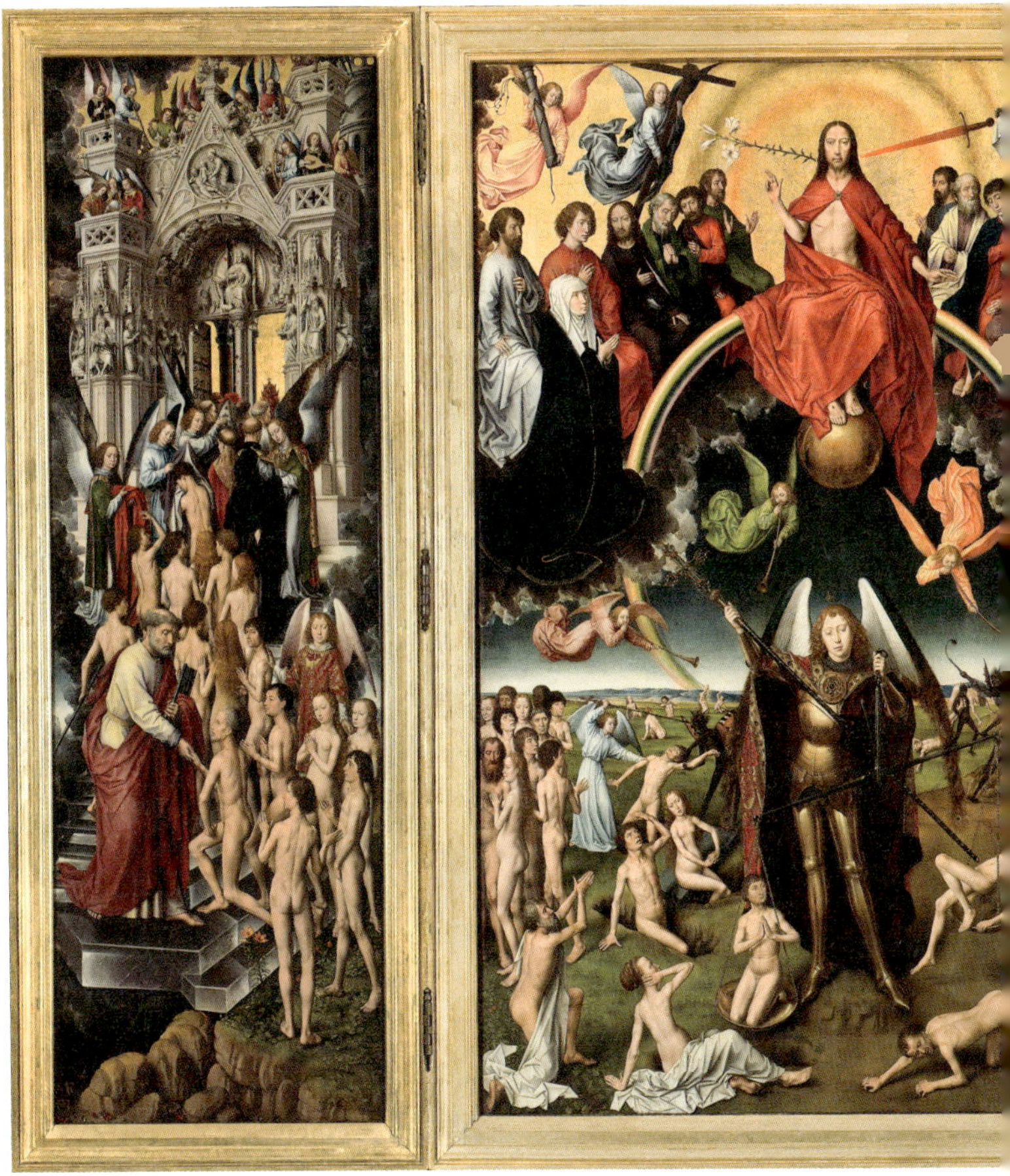

天国行きになると、衣服を着せられ、天国の門へと導かれる

虹の上に座るキリストが審判を下す。大天使ミカエルは天秤の皿に人間を載せ、魂の善し悪しを見極めている。抵抗すれば槍で刺される

✝キリストが生前の行いを裁く！

神とサタンによる世界最終戦争後、すべての人間が滅んでしまった世界で、神は永遠の神の国をつくりはじめる。このときに行われるのが「最後の審判」だ。キリストが再び地上に降臨して、すべての死者を肉体とともに復活させ、キリストの裁きにより天国行きと地獄行きに分けるのである。

具体的には、死者は天使によってキリストのもとへ連れていかれ、人間の生前の行いを記録した「生命の書」に名前があれば天国行きを許される。名前がなければ地獄行きとなり、サタンと同じように火の池に投げ込まれる。

ちなみに、キリスト教で火葬を禁止し土葬にしてきたのは、肉体を焼いてしまうと、最後の審判の際に復活できないからだ。肉体をともなって天国に行けば楽しさが増し、地獄に行けば苦しみが増すという意味もある。

最後の審判については、『ヨハネの黙示録』や『マタイによる福音書』『マルコによる福音書』などに描かれているが、『マタイによる福音書』には「羊飼いが羊と山羊を分けるように人間を選り分け、羊を右に、山羊を左に立たせるであろう」とある。これはキリストが弟子たちに語っていた言葉で、羊は正しい人、山羊は悪い人を象徴しているという。

✝絵画によって具体化した天国と地獄のイメージ

最後の審判は古来、多くの画家によって描かれてきた。ルネサンス時代のイタリアの画家フラ・アンジェリコやミケランジェロの作品が有名だが、ドイツで生まれフランドル（現在のベルギー）で活躍したメムリンクの作品も見逃せない。

メムリンクによる『最後の審判』は3連祭壇画（3枚のパネルを組み合わせた祭壇画）で、キリストが復活させた人々を裁く様子が描かれている。

中央パネルには、赤い衣をまとったキリストが虹の上に腰掛け、聖母マリアや十二使徒、洗礼者ヨハネらに取り囲まれるなか審判を下している。キリストの足元にいるのは大天使ミカエル。左手にもった天秤に人間を乗せる一方、右手にもった司教杖で地獄行きが決まった人間を地獄へと押しやっている。

左パネルにはキリストに救われた人々が天国の門へ向かう様子が、右パネルには罪深き者が悪魔によって地獄の炎に投げ込まれる姿が描かれている。つまり、ミカエルの右手側に分けられた人々は永遠の生命を受け、左手側に分けられた人々は永遠の罰を受けるのである。

このように絵画として描かれた最後の審判の様子は、キリスト教の天国と地獄のイメージの確立に大きく貢献することになった。

天国の門

天国って、どんなとこ？ 教会建築は天国のレプリカだった！

天国の入り口には門があり、天国行きを許された者たちは門を通って楽園に至る。ただし、門のイメージは一つとは限らない

『最後の審判』（部分）
ロヒール・ファン・デル・ウェイデン
1446-52年
ボーヌ施療院（フランス）
教会建築風の門。上方では天国の門の尖塔に光が降り注ぎ、人々の心を惹きつける。下方では大天使ミカエルが天国行きが決まった人々を導いている

【拡大図】

トンネルの先で人々を待ち受けているのは神だと考えられる

『地上の楽園・祝福された者の楽園への上昇』(部分)
ヒエロニムス・ボス
1500-04年
ドゥカーレ宮殿(イタリア)
トンネル式の門。トンネルの向こうから光が差し込み、神と思しき者の影が見える

✝重厚で壮大な天国の門を再現する教会

最後の審判によって、人々は天国行きと地獄行きに振り分けられ、天国行きが決まった者は幸福に満たされた状態になる。それでは、キリスト教の天国は具体的にどのような場所として語られているのだろうか。

天国の入り口には門がある。22、23ページで紹介したメムリンクの作品『最後の審判』の左パネルをみると、天国行きが決まった者たちがクリスタルの階段を上がっていく姿が描かれている。その先で鍵をもって出迎えている聖ペテロの背後に大きな門が建っている。これが天国の門だ。

メムリンクと同時代の画家ファン・デル・ウィデンの『最後の審判』（26ページ）も同じような構図になっており、大天使ミカエルが天国行きの決まった人々を天国へと導いている。門は金色に輝くゴシック風の建築で、天からまばゆい光が降り注ぐ。その光景を目にした人々は、天国の存在を実感することになる。

こうした天国の門のイメージは、教会建築にも取り入れられた。教会の門は彫刻で飾られるなど、しばしば荘厳につくられ、「教会に入れば天国を実在のものとして経験できる」というメッセージを発信している。

また、「私を通りなさい。私は命の門なのだから」とキリストが語る姿を正門に描いた教会も少なくない。これもいわんとするメッセージは先の例と同じ。つまり、現世において教会の門は天国の門を、教会内部は天国をあらわしているのである。

✝トンネル式の門もある？

ただし、天国の門は重厚な建物として表現されるとは限らない。ルネサンス時代に活躍したネーデルラント出身の画家ボスは、『地上の楽園・祝福された者の楽園への上昇』（27ページ）において、天国の門を長くて巨大な光のトンネルで表現した。

この作品には、人々が地上から天上へと昇っていく場面が、地上の人々の目線で描かれている。天使に導かれた人々が、トンネル内へと入っていく。トンネルの向こうからはまばゆい光が差し込み、トンネルを抜けた先には何者かの影がみえる。

さて、この影の主は誰か。おそらくは神であろう。神が人々を天国へと迎え入れてくれるのである。

ボスは『快楽の園』（31ページ）のような、奇想天外な作風を特徴とする〝幻想画家〟。そのボスの作品だけに、天国の門のイメージも独特なものになっているのだ。

エデンの園①

都市型か、庭園型か……あなたの好みはどちらの天国？

キリスト教の天国は都市型と庭園型に大別される。庭園型の天国は、アダムとイヴが暮らすエデンの園のようなところだ

『快楽の園』（部分）　ヒエロニムス・ボス
1500-1505年頃
プラド美術館（スペイン）
最初の人間であるアダムとイヴが、創造主（神）によって結びつけられている。周囲にはたくさんの動物たちと豊かな樹木。まさに楽園のイメージである

『ラ・プリマヴェーラ（春）』
サンドロ・ボッティチェリ
1482年頃 ウフィツィ美術館（イタリア）
本作はギリシア神話をモチーフにした作品だが、そのイメージはどこかキリスト教的で、エデンの園を思わせる

✝天国は2タイプに分かれる

天国の門をくぐり抜けると、至福の場所といわれる天国へとたどり着く。

その風景について、キリスト教徒は昔からいろいろと想像をめぐらしてきたが、統一的な見解はついに出されなかった。至福の場所といっても、神とともにいるだけで至福と思う人もいれば、旧友や家族と再会したり、好きなだけ飲み食いできる場所が至福と思う人もいて、一つにはまとまらなかったのである。

それでも時代を経るにつれて、天国のイメージは大きく二つに分けられるようになった。一つは庭園型の天国、もう一つは都市型の天国（38－41ページ）である。

庭園型の天国は、旧約聖書の『創世記』で語られるエデンの園のようなところだ。

エデンの園は、イエスの登場以前から存在していた。気候は温暖で清らかな川が流れ、獣、家畜、鳥などがたくさんいる。さらに、ありとあらゆる果樹が生えている。

この楽園で暮らしていたのが、神がつくった最初の人間とされるアダムとイヴ（エヴァ）。つまりエデンの園は、神が二人のために用意した地上の楽園なのである。

ボスの代表作『快楽の園』の左パネル（31ページ）には、エデンの園をモチーフにしたとみられる世界が描かれている。顔のかたちをした岩や、不穏な動きをみせる奇怪な生き物は、いかにもボスらしい表現だが、中央の「生命の泉」によって育まれる緑豊かな世界観は、まさに楽園。下方では最初の人間であるアダムとイヴが、創造主である神によって結びつけられている。神はイヴの脈をとって、命が吹き込まれたことを確認しているようだ。上方では多数の魚や鳥、家畜などが戯れており、生命の息吹きを感じさせる。

✝神話をもとにした楽園型天国

一方、ギリシア神話をもとに天国的なイメージを表現したのが、ボッティチェリの大傑作『ラ・プリマヴェーラ（春）』（30、31ページ）だ。

ボッティチェリは初期ルネサンスを代表する巨匠。フィレンツェの支配者ロレンツォ・メディチの庇護のもとで、『春』や『ヴィーナスの誕生』などの作品を残した。

『春』の中央には、愛と美の女神ヴィーナスが描かれている。その頭上には愛の神クピド（キューピッド）が飛んでいて、愛の矢を射ようとしている。ヴィーナスの右には春の女神プリマヴェーラがおり、さらにその右に西風の神ゼフェロスと、彼から逃れようとしている大地の女神クロリスがいる。一方、左側では3美神がダンスを踊っている。

注目すべきは、ヴィーナスの腹部が膨らんでいることだ。この絵はギリシア神話がモチーフだが、じつは彼女はイエスを身ごもったマリアではないかとも考えられているのだ。

エデンの園②

禁断の実を食べたアダムとイヴその罰は楽園追放！

アダムとイヴは禁断の木の実を食べたために楽園を追われた挙句、永遠の命を取り上げられてしまった

『楽園のアダムとイヴ』ヤン・ブリューゲル　ピーテル・パウル・ルーベンス
1615年　マウリッツハイス美術館（オランダ）

『楽園追放』マザッチョ 1424-25
ブランカッチ礼拝堂(イタリア)

楽園を追放され、激しく泣き叫ぶアダムとイヴ。ルネサンス以前の二次元的な絵画と比べて奥行きがあり、リアルさが感じられる

【拡大図】

善悪の知識の木の実はリンゴとして描かれることが多い。ただし、聖書にはそれがリンゴだとは書かれていない

✝エデンの園でアダムとイヴが犯した罪

エデンの園がキリスト教の天国のイメージとして定着した背景には、「原罪」という概念がある。原罪とは、アダムとイヴが犯した罪のことだ。

『創世記』によれば、アダムとイヴはエデンの園に存在するものに名前をつける仕事をしながら平和に暮らしていたが、ある日、神の命令に背いてしまう。神から「善悪の知識の木の実だけは決して食べてはいけない。食べたら必ず死ぬ」と注意されていたにもかかわらず、蛇に「食べても死にはしない。むしろ善悪を知って神のようになれる」とそそのかされ、禁断の木の実を食べてしまったのである。

このときの様子を描いたのが、17世紀フランドルの巨匠ヤン・ブリューゲルとルーベンスの共作『楽園のアダムとイヴ』（34、35ページ）だ。鳥獣が戯れる楽園で、イヴが善悪の知識の木の実をアダムに差し出している。木の枝には、イヴをたぶらかした蛇の姿もみえる。

ちなみに、善悪の知識の木の実の正体はリンゴだといわれているが、聖書にはそれがリンゴだとはどこにも記されていない。ヘスペリデスの園で大蛇が守るリンゴや、ヴィーナスに授けられた黄金のリンゴなど、ギリシア神話に描かれたエピソードの影響から、絵画ではリンゴを描くのが慣例になったようだ。

✝神が二人に与えた罰とは？

神は命令に背いたアダムとイヴに激怒し、楽園から追放した。ルネサンス初期の画家マザッチョの『楽園追放』（35ページ）には、エデンの園を追われる二人の姿が描かれている。イヴは顔を天に向け、子どものように泣きながら手で胸と股間を隠している。一方、アダムは神の信頼を裏切った恥ずかしさで頭を垂れ、顔を手で覆っている。それまで二人は「恥」という感情をもたなかったが、善悪の知識の木の実を食べたことによって知恵がつき、急に恥ずかしさを覚えるようになったのである。

神がアダムとイヴに与えた罰は、楽園からの追放だけにとどまらない。それまで二人に与えていた永遠の命を取り上げた。このとき以来、人間はいつかは死ぬ運命を背負うことになったのである。さらに神はアダムには労働の苦しみを、イヴには産む苦しみを与えた。当時はまだ出産が命がけの行為であったため、神罰と考えられたのだろう。

アダムとイヴの子孫である人間は、二人が犯した罪のせいで多くの苦労を強いられるようになったわけだが、人々はエデンの園を忘れず、いつか帰還することを夢見続けた。その結果、最後の審判のあとにエデンの園が回復すると信じられるようになり、天国のイメージとしての定着につながったのである。

新しいエルサレム

都市型天国のモデルは、あの国の首都だった！

キリスト教の天国は、高い城壁に囲まれた「都市型」でもイメージされる。エデンの園のような「庭園型」とは異なる文明的な天国だ

『天上のエルサレム（玉座のキリストと十二使徒）』
作者不詳　4世紀後半
サンタ・プデンツィアーナ聖堂

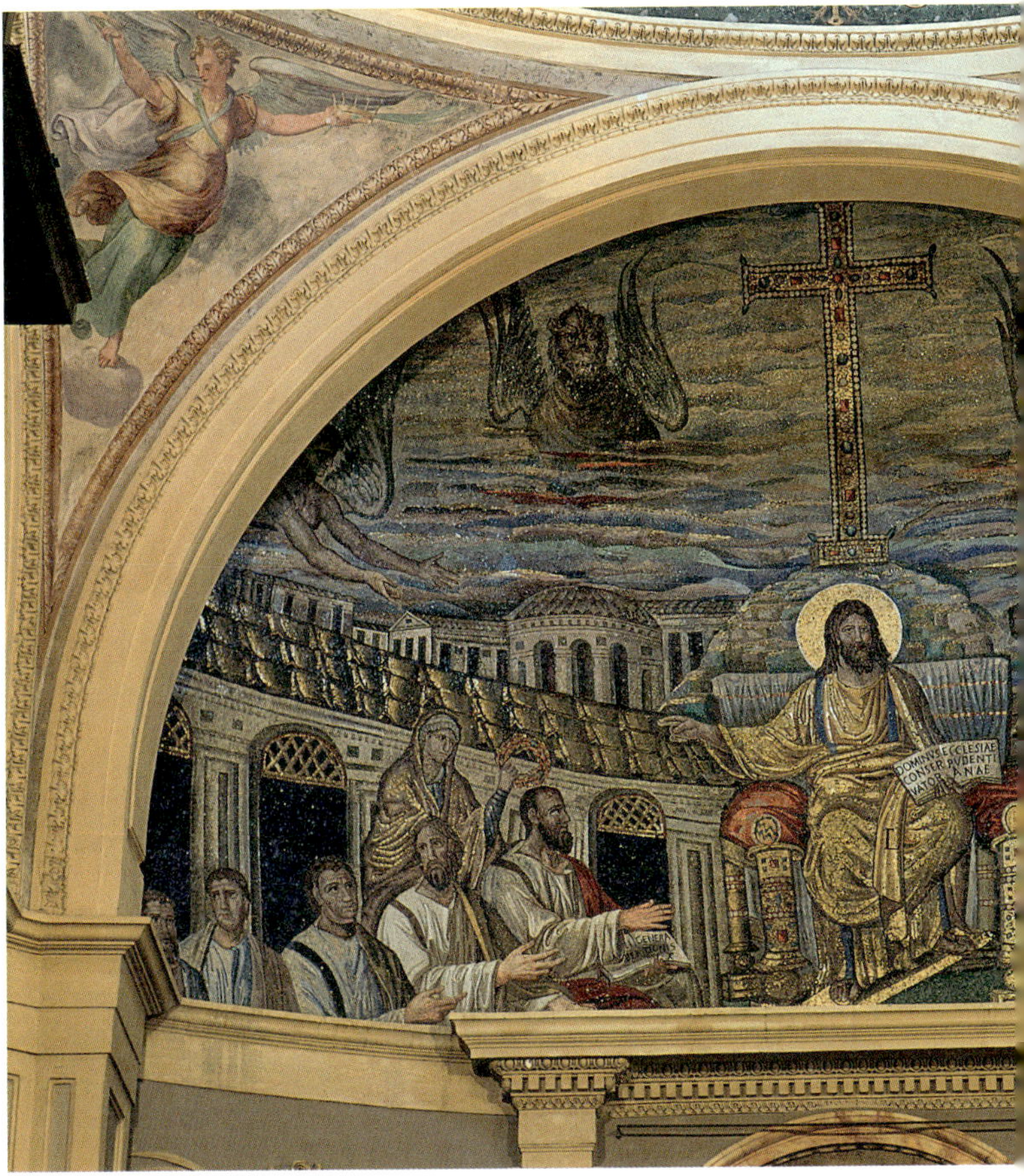

【拡大図】 キリストと12人の使徒の背後に、高い城壁に囲まれた新しいエルサレムが浮かんでいる

✝古代キリスト教徒は都市型が好き？

キリスト教の天国のイメージが、庭園型の天国と都市型の天国に大別されることは、すでに述べたとおりだ。庭園型の天国は、エデンの園のような自然豊かな楽園的なもの。では都市型の天国はどのようなイメージかというと、『ヨハネの黙示録』で語られる新しいエルサレムのようなところである。

イスラエルの首都エルサレムは、かつては古代ユダヤ王国の聖都であった。しかし紀元前70年頃、ローマ帝国の襲撃を受け、多くの神殿が破壊されてしまう。天国のようなイメージをもたれていた聖都が、この世の終わりのような廃墟に変わってしまったのである。

『ヨハネの黙示録』が書かれた頃には、すでに廃墟と化していた。

しかし、『ヨハネの黙示録』はエルサレムを天国として記した。この世が終わり、神による最後の審判が行われたのちに、エルサレムが地上に降りてきて、永遠の世界が続くと予言した。この新しいエルサレムが、都市型の天国のイメージとなったのである。

天国といえば一般的には楽園のイメージが強いため、都市型の天国に対して違和感を抱く人もいるかもしれない。ところが、初期のキリスト教世界では、自然豊かな楽園的な天国を貧者の天国として嫌い、宝石をちりばめた黄金の城塞都市のような天国を好む人が少なくなかったという。

✝神の威光で黄金に輝く都市型天国

新しいエルサレムの姿は、ローマのサンタ・プデンツィアーナ聖堂に描かれたモザイク画『天上のエルサレム（玉座のキリストと十二使徒）』をみるとよくわかる。キリストと12人の使徒の背後に浮かんでいるのが新しいエルサレムだ。宝石をちりばめたからか、あるいは神の栄光に照らされているからか、黄金に輝いているようにみえる。

『ヨハネの黙示録』によれば、新しいエルサレムの敷地は四方の一辺が約２４００キロにも及ぶ。これは日本の本州と北海道を合わせた距離に相当するが、具体的な広さを明示しているわけではなく、単に広大な面積であることを示す比喩的表現だ。

城壁も非常に高く、その高さは６・５キロもある。そして城壁の門の数は12。この数は、エルサレムがイスラエルの12部族の復興を通して完成されると考えられていることに由来する。

また、かつてのエルサレムには豪華絢爛な神殿が多数建っていたが、新しいエルサレムには神殿がない。その理由は、エルサレムは神の住まいであり、都自体が神殿になっているからだといわれている。

聖母戴冠

「よみがえりなさい、母上！」キリストの母が聖母になる瞬間《とき》

キリスト教の天国は、聖母マリアの被昇天・戴冠によってもイメージされる

『聖母被昇天』ティツィアーノ・ヴェチェッリオ　1516-18年頃
サンタ・マリア・グロリオーザ・デイ・フラーリ教会(イタリア)
死した聖母マリアの魂が遺体に入り、天使たちにもち上げられて天へと召されていく

『聖母被昇天』フランチェスコ・ディ・ジョヴァンニ・ボッティチーニ 1475-6年頃　ナショナル・ギャラリー（イギリス）

天国にたどり着いた聖母マリアを多くの天使、聖人、預言者などが取り囲む。感動のフィナーレである

【拡大図】

聖母戴冠の場面。聖母マリアに対して、キリストが冠を授ける。この場面は聖者の列伝『黄金伝説』によって13世紀に広まった

✝自力でなく天に引き上げてもらう⁉

死を迎えた者が大勢の天使たちにともなわれて天に昇っていき、神に迎えられる――。キリスト教の天国について、このようにイメージしている人も多いだろう。そんな天国のイメージの代表例として、「聖母被昇天」を挙げることができる。

聖母被昇天とは、聖母マリア（キリストの母）が死後3日目に復活した肉体とともに天へ昇っていったという教えのことで、中世以降、聖母信仰が高まるなかで広まっていった。聖母はキリストのように自力で昇天したのではなく、キリストや天使たちの力を借りて天に引き上げてもらったため、「昇天」ではなく「被昇天」という。

13世紀にジャノヴァ大司教が編んだ『黄金伝説』によれば、聖母マリアがこの世を去る際、キリストは大勢の天使をともなって降臨し、聖母の魂を天へともち帰った。さらにその3日後、再び降臨したキリストが聖母の遺体の前で「よみがえりなさい、母上」というと、聖母の魂は遺体に入り、肉体とともに天へと召されていったという。

この場面を見事に描き切ったのが、ルネサンス後期にイタリア・ヴェネツィアで活躍したティツィアーノ。彼の『聖母被昇天』は、天使たちによって天高く舞い上がる聖母マリアを描いた傑作である。地上で驚く使徒たち、中空に浮上する聖母、天空で待ち受ける神の3層で構成されており、この構図がのちに『聖母被昇天』の絵画の基本となった。

✝若く美しい聖母だが、実年齢は……

聖母被昇天の最終場面では、聖母マリアに冠が授けられる。いわゆる「聖母戴冠」だ。聖母マリアが天上にたどり着くと、多くの天使や聖人たちが祝福するなかで、キリストが聖母の頭上に冠をかぶせる。かぶせる者が神だったり天使だったり、あるいはキリストと父なる神と聖霊が三位一体となって戴冠していることもある。

この場面はフラ・アンジェリコやエル・グレコ、ティントレットなど多くの画家によって描かれているが、同主題のもっとも壮大な作品の一つといえば、イタリアの画家ボッティチーニの『聖母被昇天』(42、43ページ)だろう。

天使や聖人の大群衆に取り囲まれながら、聖母マリアがキリストの戴冠を受けている。地上にいるのは聖母の最期をみとった使徒たちとされる。

聖母マリアが天に召されたのはイエスが亡くなってから12年後か、その倍の歳月が過ぎたあとだといわれているので、当時の聖母の年齢は少なくとも60歳以上であったと思われる。しかし、聖母被昇天や聖母戴冠で描かれる聖母は若く美しい。肉体をともなって天に昇ったとしたら、これは少し若づくりがすぎるようにも思えるのだが……。

至高天

中心は巨大な白バラ!? 太陽の7倍も明るい天国の最果て

天国の最上階に位置する至高天《しこうてん》。そこでは天使や選ばれたキリスト教徒たちが住む光に満ちあふれた世界が展開する

【拡大図】

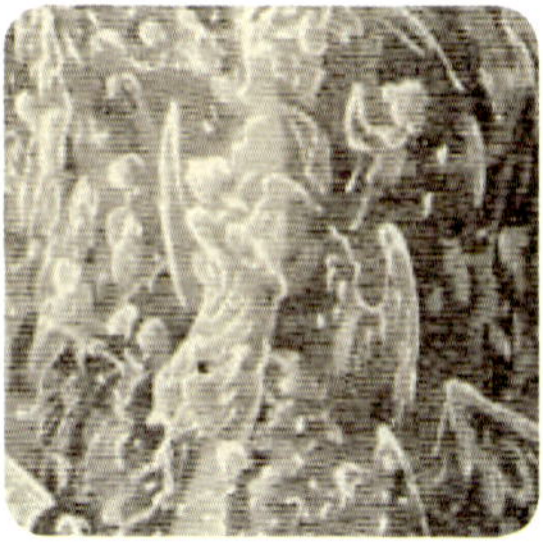

光をよくみると、単なる光ではなく、天使や神に選ばれし者たちの身体であることがわかる

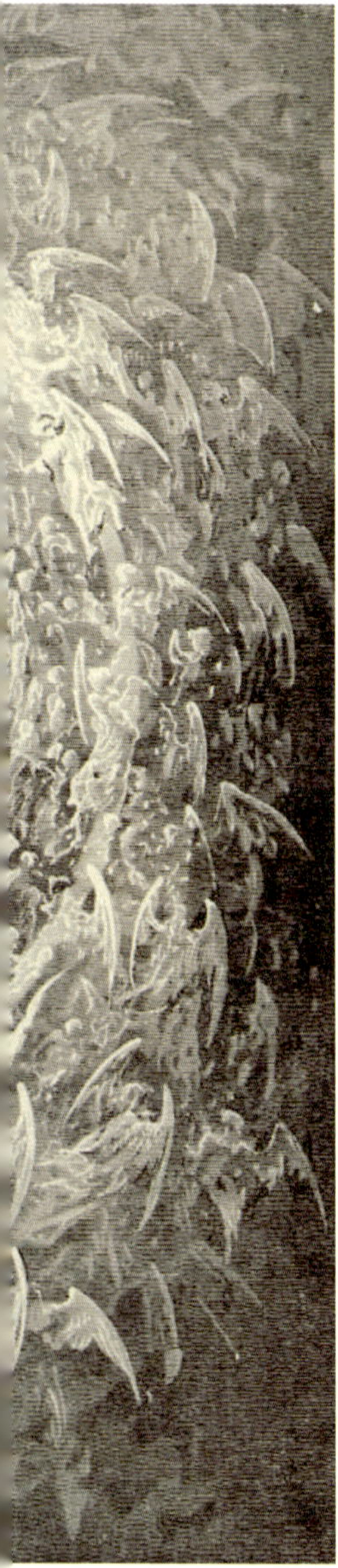

『神曲』「天国篇」ギュスターヴ・ドレ 1861年

『神曲《しんきょく》』の作者ダンテが恋人のベアトリーチェとともに至高天を体験する。中央にあるのは巨大な白いバラの花で、ここが天国の住人たちの本来の居場所とされている

✝天国は宇宙のもっとも外側に存在していた?

天国はどこに存在するのか――。

このテーマについて、キリスト教徒は長年にわたり議論を続けてきた。そして最終的に導き出した答えが、至高天（エンピレオ）であった。

至高天とは「幸福な人々と天使のすみか」の意味で、そのものずばり天使や選ばれたキリスト教徒だけが暮らすことのできる場所をさす。

中世の神学者トマス・アクイナスは、最後の審判によって救われた者たちは身体が栄光の光に包まれ、至高天で暮らすようになるとか、身体が神の光を反射して、太陽の7倍も明るく輝くなどと説いている。

では、至高天の所在地はどこかというと、天国の最上階である。

天動説によれば、地球の周囲には天球という8つの殻があり、8つそれぞれの天球が月（第一天）、水星（第二天）、金星（第三天）、太陽（第四天）、火星（第五天）、木星（第六天）、土星（第七天）、恒星（第八天）を乗せてまわっている。

そして、その一番外側には最高天と呼ばれる無限無形の空間が存在し、至高天はそこにあると考えられた。

✝ダンテは恋人とともに至高天を体感

至高天については、13〜14世紀に活躍したイタリアの詩人ダンテが書いた長編叙事詩『神曲』に詳しい。作者であるダンテ自身が恋人ベアトリーチェに導かれて死後の世界を旅する物語で、「地獄篇」「煉獄《れんごく》篇」「天国篇」の3部からなる。

至高天が描かれているのは「天国篇」。そのなかでダンテとベアトリーチェは、天球を順番に訪れる。それぞれの天球には神のメッセージを伝えてくれる天使がいる。そして二人は最後に至高天へとたどり着く。

そこでは真っ白な光に満ちあふれ、すべては強烈な光に包まれる。光をよくみると、中央に巨大な白いバラの花がある。目もくらむような光は、じつは天使や神に選ばれた者たちの身体が発しているのだとわかる。至高天はとにかくまばゆいほど光に満ちた明るすぎる世界なのだ。

19世紀フランスの版画家ドレは、このダンテの『神曲』の挿絵を描いたことで知られる。至高天については、ダンテとベアトリーチェが至高天と天使の群れを仰ぎみている様子を描いた。神々しい光を放つ至高天の姿がはっきりと表現された挿絵である。

煉獄

ちょっとの罪なら、許してもらえる？天国行きのラストチャンス

煉獄は、微罪を犯したがために、天国行きか地獄行きかを決めかねる人々がいるところ。ここで罪が浄化されれば、晴れて天国に行くことができる

『「神曲」の詩人ダンテ』ドメニコ・ディ・ミケリーノ
1465年　サンタ・マリア・デル・フィオーレ大聖堂（イタリア）
『神曲』「地獄篇」を掲げるダンテ。彼によって煉獄という世界観が明確にされた

【拡大図】

山で表現された煉獄。7層に分かれており、環状の道を下から順にめぐって罪を浄めていく。頂上にいるのはアダムとイヴである

✝ダンテが確立した煉獄の世界観

キリスト教では死後、最後の審判によって天国行きか地獄行きかが決まる。生前の行いを裁定基準として、天国で永遠の生命を受けるか、地獄で永遠の罰を受けるかが判断される。しかし、なかには善人か悪人かがあいまいで、裁きを下しにくい人もいる。胸を張って善人とはいえないが、根っからの悪人ではないという人も少なくない。たった一度だけ軽微な罪を犯した人と、何度も重い罪を犯した人がどちらも等しく地獄行きとなっては不公平ともいえる。こうした思いは聖職者も一般の信徒も同じであった。そこでカトリック教会によって生み出されたのが「煉獄」という概念だ。

煉獄は、天国と地獄の中間に位置する第3の領域。当初は聖書で禁じられた高利貸しの行く末としてつくり出された。やがて微罪を犯したために天国行きを認められない人々がここに行き、燃え盛る炎で魂が浄化されれば、晴れて天国に行くことができるとされた。善と悪、白と黒、神と悪魔など、さまざまな物事を二元論で説明する西洋には珍しく、煉獄はグレーゾーン、曖昧な世界だといえるだろう。

じつはこの13世紀に誕生したとされる煉獄の世界観の確立にも、前項で紹介したダンテの『神曲』が大きく影響している。

✝煉獄は「七つの大罪」を浄化する山

ダンテが『神曲』「地獄篇」で描いた煉獄の光景は、イタリア・フィレンツェのサンタ・マリア・デル・フィオーレ大聖堂に飾られている絵画をみるとよくわかる。ディ・ミケリーノの『「神曲」の詩人ダンテ』（50ページ）という作品だ。

画面の中央に立っているのはダンテで、『神曲』「地獄篇」を手にしている。そして彼の背後に描かれている大きな山が煉獄である。

煉獄は7層からなり、周囲に環状の道がついている。この道を下から順にめぐって、傲慢、嫉妬、憤怒、怠惰、強欲、暴食、色欲の7つの罪を浄《きよ》めていく。努力を重ねて罪を浄めるごとに少しずつ上層に上がっていくというシステムだ。

中世には、煉獄を実在する山に当てはめることもあった。たとえば、イタリア・シチリア島のエトナ火山である。

エトナ山は紀元前からしばしば噴火を繰り返していたため、この山の火口に煉獄があって、天国行きをあきらめられない人々が罪を浄めていると考えられていた。エトナ山を実際に訪れ、罪の浄化につとめている人をみようとした者がいた、との報告例も残されていることから、煉獄のイメージとの結びつきの強さがうかがえる。

辺獄《リンボ》

異教徒はお断り！ 天国行きNGの偉人たちが溜息をつく場所

どんな偉人であっても、異教徒は天国へ行くことはできず、辺獄に閉じ込められる。しかし、キリストの救済があれば天国への転属も可能とされている

『神曲・地獄篇』ギュスターヴ・ドレ　1861年

哲学者のアリストテレス、プラトン、ソクラテスなどが集う。彼らは徳の高い立派な人物ではあるが、キリスト教徒ではないため天国には行けない

『冥界に下るキリスト』ドメニコ・ベッカフーミ　1535年　シエナ国立絵画館
キリストが辺獄にいる者たちを救済する場面。キリストが辺獄の扉を開くと、洞窟の奥から人々が駆け寄ってくる。手をとっているのは最初の人間であるアダム

✝たとえ偉人でも、異教徒は天国に入れない？

天国と地獄の中間地点は、煉獄のほかにもう一つ存在する。「辺獄《へんごく》（リンボ）」である。キリスト教の教えによれば、天国に行くためには善人であるだけでなく、キリスト教の洗礼を受けていなければならない。したがって異教徒はもちろん、洗礼前に亡くなってしまった赤子やキリスト教の成立以前に生きていた善人たちも天国行きの資格をもてないことになる。

たとえば、古代ギリシア時代の哲学者であるプラトンやアリストテレス、ソクラテスらは、いくら善良で徳の高い人物であったとしても、異教徒だから天国には行けない。またキリスト生誕以前にまとめられた『旧約聖書』に登場する預言者や聖人たち、さらには人類の祖であるアダムとイヴですら天国に入ることはできないのである。

辺獄は、この問題を解決するために中世になってからつくられた（キリスト教の公式教義ではない）。本来なら天国へ行ってしかるべきなのに、洗礼の有無や生きた時代の関係で天国に行けない善人が辺獄へ行く。つまり辺獄は、不遇な者たちの救済措置の一環として設けられた場所といえるだろう。

辺獄に入ると天国とほぼ同じ喜びを得られ、仲間たちと社会的な交流をはかることができる。しかし、神の顔をみることができず、みな長く深い溜息をついているという。

ダンテの『神曲』「地獄篇」にはそんな辺獄の様子が述べられており、ドレが挿絵を描いている。木々が生い茂る森のなかにいるのは、プラトンやアリストテレス、ソクラテスなどの偉人たち。潔白な人生を歩んだが、異教徒ゆえに天国へ行けない者たちだ。

✝キリストの救済で辺獄から天国へ移ることも

辺獄に配属されたとしても、のちに天国に移ることはできる。

ルネサンス後期のイタリアの画家ベッカフーミによる『冥界に下るキリスト』(55ページ)をみてほしい。復活のしるしである白地に赤の十字の旗を手にしたキリストが、辺獄と思われる洞窟に降り立ち、死者に手を差し伸べている。この絵からわかるように、辺獄に配属されたとしても、キリストが救済し天国へと導いてくれるのだ。

聖書にはキリストの辺獄降下について記されていないが、『黄金伝説』(聖人伝集)などには言及されている。ベッカフーミ以外にボナイウートやティントレットといった画家もこのテーマの作品を描いており、辺獄降下が広く信じられていたことがわかる。

そもそも天国への扉を開くことができるのはキリストしかいない。辺獄で天国行きを望んでいる者たちを救えるのは、キリストの恩恵と慈悲によってのみなのである。

地獄①

仏教よりもずっと厳しい!? 神から永遠に見放された残酷の世界

地獄は不潔で、火が燃え盛る場所。生前の罪に応じた肉体的な責め苦、精神的な責め苦が永遠に続けられる。生まれ変わりの可能性がないぶん、仏教より厳しいともいわれている。

『地獄』ヘッリ・メット・デ・ブレス 16世紀中頃 ドゥカーレ宮殿(イタリア)

【拡大図】

甲冑をつけた昆虫にも爬虫類にも見える怪物により、斬首刑が行われようとしている

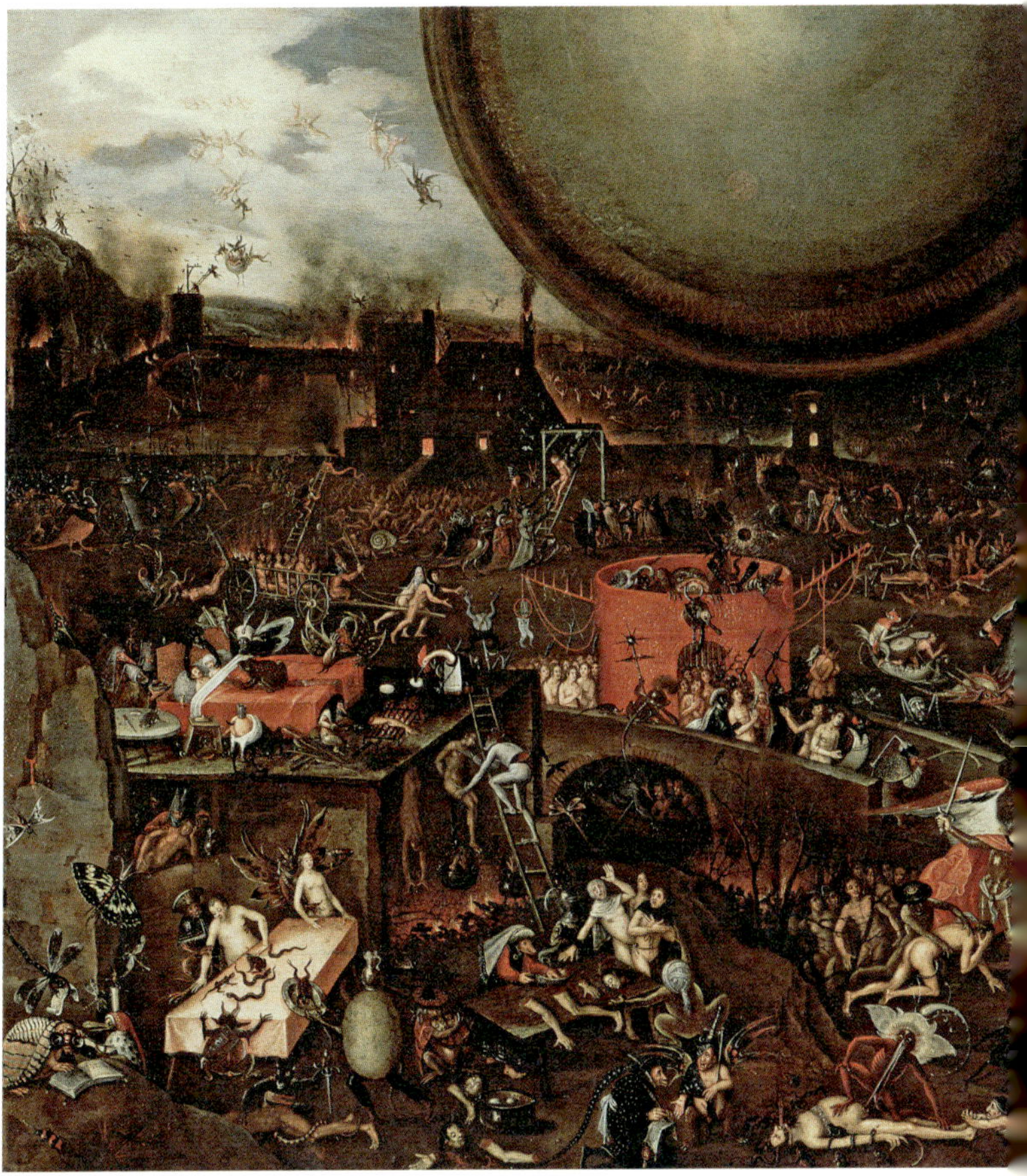

【拡大図】
男が四肢を切断され、火が燃え盛る炉に吊るされて焼かれようとしている

【拡大図】
博打の罪を犯したのだろうか、鳥のくちばしをもつ悪魔にサイコロ上で引きずられている

✝猛獣、毒虫、糞尿……生前の罪に応じた責め苦が待ち受ける！

キリスト教では、最後の審判によって悪人とみなされると、地獄に堕《お》とされ罰を受ける。聖書には地獄についての具体的な描写はないが、さまざまな外典の記述によってその基本的なイメージが構築された。

キリスト教の地獄はどのような世界かというと、火が燃え盛り、ウジがわくような不潔な場所だ。『マタイによる福音書』や『マルコによる福音書』に、「悪魔とその手下のために用意されている永遠の火」とか「ウジが尽きることも、火が尽きることもない」などと書かれている。さらに『ヨハネの黙示録』にも、罪人は「硫黄の燃えている火の池に投げ込まれる」とある。

この恐ろしい世界で、罪人に対する残酷な責め苦の数々が行われる。それらについては、新約聖書の外典『ペテロの黙示録』に詳しい。

罪人は人殺しや宗教的異端、詐欺、不倫、金貸しなどの罪に応じた大地の穴へ落とされる。そして、人殺しは猛獣の穴のなかで痛めつけられ、強欲な金持ちは燃える墓石の上で焼かれる。悪魔に性器を責められたり、毒虫に責められることもある。

もっとも残酷な責め苦を受けるのは堕胎《だたい》した女性で、糞尿《ふんにょう》をはじめとするすべての汚れが流れ込む穴に首まで浸けられるうえ、堕胎した子どもによって目をえぐられる。当時、子どもは神の〝作品〟と考えられていたため、堕胎は重罪とみなされていたのだ。

✝ボスの門下生が描いたおどろおどろしい地獄観

16世紀のフランドルの画家デ・ブレスが描いた『地獄』からは、血なまぐさい地獄の様子がありありと伝わってくる。彼は鬼才として知られるボスの門下生だけに、作中では幻想的で奇妙な地獄が展開しているが、そこで行われている責め苦は残酷なものばかりだ。たとえば左側では、逆さまに吊るされた男が火にくべられ、切断された腕が鍋で茹でられたり、網の上で焼かれたりしている。右下では、男が鳥のくちばしをもつ悪魔にサイコロ上で引きずられている。おそらく彼は博打《ばくち》打ちややくざ者で、その罰を受けているのだろう。さらに右端では、男が甲冑をつけた怪物に斬首されようとしている。

このように地獄では、大勢の人間たちが男女を問わずありとあらゆる責め苦にさいなまれる。仏教などでは、地獄でどれだけ苦しい思いをしても別の世界へ生まれ変わるチャンスが残されているが、キリスト教の場合、一度地獄に堕ちると永遠に神に見放され、二度と救われることはない。したがって、最後の審判で地獄行きを宣告されるということはきわめて重大な意味をもつのである。

地獄②

ルシファーの落下の衝撃でできた!? ロート状の大穴

『神曲』に描かれた地獄はある都市の地下に存在しており、最下部は地球の中心まで達している。全部で9層に分かれており、下層に行けば行くほど与えられる罰も重くなる

『神曲地獄図』サンドロ・ボッティチェリ　1480-90年頃
ヴァチカン図書館(イタリア)
第1圏から第5圏までが上層部、第6圏以降が下層部となる。最下層には落下の衝撃で半身が埋まったルシファーが拘束されている

第9圏：反逆地獄
第8圏：邪悪の壕
第7圏：暴虐地獄
第6圏：異端地獄
第5圏：憤怒地獄
第4圏：貪欲地獄
第3圏：大食地獄
第2圏：邪淫地獄
第1圏：辺獄

✝地獄はエルサレムの地下にあった！

キリスト教の地獄は、地の底の闇のなかに存在すると考えられてきた。その全体構造を具体的に示した絵を紹介しよう。ルネサンスの大巨匠ボッティチェリが、ダンテの『神曲』「地獄篇」の挿絵として描いた『神曲地獄図（地獄の見取り図）』（62、63ページ）だ。ボッティチェリはダンテの熱心な愛読者であったらしく、作中の記述を正確に再現している。『神曲地獄図』によれば、地獄は巨大なロート状の構造をしている。一見、宙に浮いているようにも思えるがそうではなく、エルサレムの地下にすっぽりと埋まっている。最下部は地球の中心にまで達しているともいう。

なぜ、このように不思議な形状になったのかというと、神の立場を奪おうとした背徳の堕天使ルシファー（サタン）が天から堕とされ、大地が裂けたからだと伝わる。ロート状の地獄は全部で9圏に分かれており、各圏で悪人たちがさまざまな責め苦を受けている。下層に行けば行くほど、与えられる罰が激しくなる。

✝最下層には半身が埋もれたルシファーが！

まず、地上部分に地獄の門と前庭があり、地獄行きが決まった者はここを通って地獄に入る。その近くにあるアケローン川は、仏教でいう三途の川。カロンという名の渡し守が船で対岸に送り届けてくれる。

第1圏は先に述べた辺獄（リンボ）。本格的な地獄のはじまりとなる第2圏は愛欲に耽《ふけ》った者が堕とされる邪淫《じゃいん》地獄、3層目は暴飲暴食を行った者が堕とされる大食地獄だ。第4圏は貪欲地獄で、浪費家と吝嗇家《りんしょくか》（ケチ）がいつも争っている。神に仕えながら私腹を肥やしていた教皇や枢機卿《すうききょう》もここに数多く堕とされているという。第5圏は何かにつけて怒る者が堕とされる憤怒地獄で、熱湯で満たされた川でお互いが常になぐり合っている。

これ以降は地獄の下層部に入り、さらに過酷な地獄となる。

第6圏は異端者や異教徒が熱せられた墓のなかで苦しむ異端地獄。第7圏は不信心者や神を冒涜《ぼうとく》した者が堕とされる暴虐地獄。ここには自殺者が木々に変えられた森もある。第8圏は邪悪の森。邪悪の種類は1～10まで細かく分けられていて、売春婦や女を売春宿に売りとばした者、偽善者、詐欺師、錬金術師などが送られる。

そして最下層の第9圏は、裏切り者や売国奴が落とされる反逆地獄。天から落とされた衝撃で半身が地中に埋まったルシファーは、ここに氷漬けの状態で拘束されている。

第1圏～第9圏のどこに行くかは生前の罪によって異なるが、どこに行くにせよ、永遠の責め苦にさらされることに変わりはない。

ジャンナ

厳しい戒律からついに解放！ 72人の処女と酒池肉林のパラダイス

食欲と性欲が満たされ、睡眠欲はなくなる

イスラーム教はキリスト教とルーツをともにする宗教だ。それだけに、来世についての考え方も似ている部分があり、信仰心の厚い善人は「ジャンナ」（楽園の意）と呼ばれる天国へ行き、悪人や異教徒は地獄に堕ちるとされている。

では、ジャンナとはどのような場所なのか。イスラーム教の聖典『コーラン（クルアーン）』によれば、ジャンナにはあらゆる種類の果実が実る樹木が生え、澄んだ水をたたえる川、腐らないミルクの川、酔うことのない美酒の川、蜂蜜の川などが流れているという。15世紀の詩歌選『宮廷の庭のフマーイとフマユーン』に描かれているような、緑あふれる楽園のイメージである。そのイメージはキリスト教のエデンの園によく似ている。

イスラーム教は「砂漠の宗教」と呼ばれることからわかるように、荒涼とした砂漠の広がる乾燥地帯に多く分布している。そうした土地柄ゆえ、イスラーム教の天国はオアシス

『宮廷の庭のフマーイとフマユーン』
作者不詳　1440年頃

イスラム教の楽園は、緑あふれるオアシスのような場所としてイメージされる

を思わせる楽園としてイメージされるようになったのだろう。

興味深いのは、ジャンナでは人間自体が大きく変化すること。まず身長は神がつくった最初の人間であるアダムと同じ約30メートルにまで伸び、見た目もアダムのようになる。さらに体毛が消えたり、排泄物や鼻水が出なくなったり、汗が香水に変わるなど、きわめて清潔な身体になる。身体に常に力がみなぎり、睡眠をとる必要がなくなるともいう。

そしてジャンナの住人になると、えもいわれぬ快楽が味わえる。イスラーム教徒は現世において断食や禁酒といった厳しい戒律が課されているが、ジャンナでは果物も肉も食べ放題。美少年が差し出す杯に入った酒でさえも、この世のものではないため、飲んでよい。

さらに、「フール」と呼ばれる処女の女性を72

人も与えられる。フールはみな大きく輝く瞳をもった美しい女性たちで、若くて永遠に歳をとらない。ジャンナの住人は、彼女らと心ゆくまで性交を楽しむことができる。まさに「酒池肉林《しゅちにくりん》」状態である。食欲と性欲、人間の最も強い二つの欲望が限りなく満たされるのがイスラーム教の天国だといえるだろう。

しかし、ジャンナには、こうした物質的な幸福に勝る幸福が存在する。それは、毎週金曜日に神（アッラー）と謁見できることだ。男性はイスラーム教の開祖ムハンマドに、女性はムハンマドの娘ファーティマに率いられ、天国の最上部へ昇っていく。すると光の覆いがとれて神が姿をあらわし、一人ひとりに声をかけてくれるという。敬虔《けいけん》なイスラーム教徒にとっては、これこそが至福の喜びになるのである。

自分の一生は、両肩に乗った天使がメモしている

イスラーム教において、天国行きか地獄行きかが何によって決められるのかというと、キリスト教同様、最後の審判である。

死んだ者は、世界の終末の日までバルザフという地にとどまり待機する。やがて天使がラッパを吹き、終末の訪れを知らせると、そのときに生きている者だけでなく、すべての死者が復活し、アッラーによる最後の審判が行われるのである。復活するには身体が必要

『大天使』
作者不詳　1370-80年

イスラーム教の天使イスラーフィール。終末の訪れと最後の審判を知らせるラッパを吹く

なため、イスラーム教でも火葬は厳禁とされ、土葬が基本となっている。

最後の審判では、その人が生前に行った善行や信仰心を記した手帳を渡される。人間の行動は左右の肩に乗った天使が常に見守っており、その行動内容が手帳に記録されている。そしていよいよ審判のとき、秤にかけた手帳が善行や信仰心の重みで下がれば天国行き、上がれば地獄行きとなる。

なお、イスラーム教ではメッカ巡礼中に客死した者、さらにジハード（聖戦）で死んだ者も必ず天国に行けるとされている。イスラーム教徒が自爆攻撃を行う背景には、この教えがあるといわれている。

天国行きが確約されているために、死の恐怖にとらわれることなく自爆できるというわけだ。

ジャハンナム

炎、熱風、そして熱湯 イスラーム教の地獄はとにかく熱い！

キリスト教の地獄に似た灼熱の世界

イスラーム教の地獄は「ジャハンナム」という。これもまた、キリスト教の影響を受けており、いくつかの共通点がみられる。

まず一つ目は、地中に存在する点だ。キリスト教の地獄がエルサレムの地下にあるのと同じく、ジャハンナムも地中にあり大きな穴のようなかたちになっている。

ジャハンナムの入り口には、ザックームという巨大な地獄の木が立っている。木の下では罪人が悪魔に舌を切り取られたり、貪欲の罪を犯した者が悪魔の頭のような木の実を食べさせられ、腹を膨れさせたりしている。さらに、淫乱の罪を犯した女が頭髪で吊るされたりと、惨劇がひろがっている。

内部は炎が燃え盛る灼熱の世界で、息をするのも難しい。そうしたなかで、罪人は熱風や熱湯を浴びせられ、身体じゅうを痛めつけられる。やがて身体は焼けただれるが、アッ

『ミラージュ・ナーメ』（部分）
作者不詳　15世紀

豪華のなかで煮え湯を飲まされる罪人たち。イスラーム教の地獄では、灼熱の苦しみを与える責め苦がメインとなる

ラーによって治療を施され、それが治るとまた同じ責め苦を何度も繰り返される。つまり、永遠に焼かれ続けるわけだ。イスラーム教の開祖ムハンマドの天界への旅を主題にした物語『ミラージュ・ナーメ（昇天の書）』の挿絵には、業火のなかで煮え湯を飲まされる罪人たちの様子が描かれている。なんともむごたらしい光景である。

地獄に堕ちても救済措置あり

イスラーム教の地獄とキリスト教の地獄とのもう一つの共通点は、階層に分かれていることだ。『コーラン』に「地獄には7つの門がある」と書かれていることから、イスラーム教の地獄は全部で7つに分かれていると考えられている。

第1層の地獄はジャハンナム。ここは罪を悔い改めないイスラーム教徒や不信心者が堕ちる地獄。先に述べたように、灼熱のなかで身体を延々と焼かれる残酷な場所だ。

第2層はラザーといい、キリスト教徒がここに堕ちる。第3層のフタマにはユダヤ教徒が、第4層のサイールにはユダヤ的キリスト教徒が、第5層のサカルにはゾロアスター教徒が堕ちる。信仰する宗教ごとに行き先が変わってくるわけだ。

第6層はジャヒームといい、偶像崇拝者が堕ちる。最後の第7層はハーウィヤといい、偽善者が堕ちる。偽善者とは、「アッラーのほかに神はなし」と唱えながら、内心では信じていない者をさす。

基本的にはどの階層でも灼熱の苦しみを味わうことになるが、その責め苦は下層に行くほど厳しくなる。つまり、イスラーム教徒の堕ちる地獄がもっとも楽で、異教徒ほど苦しみが増すのである。アッラーの意志を第一とする、イスラーム教らしい構造といえるのではないだろうか。

ただし、ジャハンナムに堕ちたとしても、永遠に責め苦を受け続けるわけではない。救いようのない悪人はジャハンナムで永遠に炎で焼かれ続けるが、それ以外の者はアッラーの慈悲により、天国に行かせてもらえるのだ。

キリスト教では、微罪ゆえに天国に行けなかった者は、煉獄という天国と地獄の中間地点で罪を浄めたのちに天国に移るとされた。これに対し、イスラーム教では煉獄のような世界を設けるのではなく、たとえ大罪を犯して地獄に堕ちたとしても、そこでしばらく罰を受けて反省すれば、天国に移ることができるとした。

無力の存在である人間が、誘惑に負けて罪を犯すのは仕方がない、そうした人間でも心を改めればアッラーは許してくれる――。これがイスラーム教の考え方なのだ。

時代を下ると、ムハンマドのとりなしによって大罪を許してもらえるから、地獄でしばらく罰を受ける必要もないという見解が広まった。

しかし、これでは地獄に堕ちることを怖がらず罪を犯す者が増え、社会秩序が乱れてしまうということで、すべてはアッラーの意志次第、必ずしも救ってもらえるとは限らないという注釈が加えられることになった。

地獄に堕ちると永遠に神に見放されてしまうキリスト教と、地獄に堕ちても神の力で天国に移してもらえるイスラーム教。両者を比べると、天国へのハードルはイスラーム教のほうが低いといえるのかもしれない。

冥界

ゼウスの兄・冥王ハデスが支配 地の底にある死者の国

冥界は5つの川の向こうにある

ヨーロッパ文化発祥の地ギリシアに生まれた神話は、後世に重要かつ多大な影響を及ぼした物語である。その美しく壮大な神話のなかにも天国（楽園）と地獄が存在する。

ギリシア神話においては、死者は現世から直接天国や地獄に行くわけではなく、冥界で審判を受けたのちに、どちらかに送られる。

古代ギリシア時代には、地球は円盤型の平たい島で、その島のはるか西方の地底に冥界が存在すると考えられていた。そして冥界には「ハデス」（目にみえないものの意）という名前の神が住んでいるとされていたため、ハデスが冥界自体をさすこともあった。

冥界ハデスと現世は、アケロン（悲嘆）川、コキュトス（うめき）川、ステュクス（憎悪）川、レテ（忘却）川、プレゲトン（火災）川という5本の川によって区切られている。死者が濃い霧を抜けて川辺にたどり着くと、そこにはカロンという川の渡し守がいて、船賃と

『ステュクス川を渡るカロン』
ヨアヒム・パティニール　1520-24年

ハデスへ向かう旅人を船に乗せて運ぶカロン。年をとってはいるが、元気で力に満ちあふれている。川の向こうにあるのが、審判が行われる冥界だ

引き換えに、死者を冥界へと送り届けてくれる。賃料を払えない者は冥界へ渡れず、川のほとりでずっとさまようことになる。

この光景を描いたのが、フランドルの画家パティニールの『ステュクス川を渡るカロン』だ。巨大な老人カロンがハデスへ向かう旅人を船に乗せて進んで行く。川の向こうには冥界があり、その入り口となるハデスの門がみえている。

ハデスの門の前では、猛犬ケルベロスが番をしている。近代イギリスの代表的画家ブレイクの作品『ケルベロス』（76ページ）をみてわかるように、ケルベロスは3つの頭と蛇の尾をもつ恐るべき番犬。冥界に入ろうとする者には対してはおとなしいが、出ようとする者に対しては牙をむいて絶対に外に出さない。

『ケルベロス』
ウィリアム・ブレイク　1824-27年

番犬ケルベロス。3つの頭と蛇の尾をもち、脱走者に対して牙をむく

非情なのに妻には優しい冥界の神

ハデスの門を通り抜けるとポプラ並木があり、その先に不死の花アスポデロスの平原が広がる。さらに先に建っているのが冥界の神ハデスの館だ。

そもそもハデスはどのような神なのかというと、ギリシア神話の最高神で天界を支配するゼウスや、海を支配するポセイドンの兄にあたる。天や海の支配者である二人の弟と比べると、地底にある冥界をつかさどる神という役割はよいとはいえないかもしれない。

しかし、ハデスは地下に埋蔵されている金銀などの資源を保有するため豊かであり、

『冥界の風景』
モンス・デジデリオ　1622年

冥界の様子を見渡している冥界の神ハデスと美女神ペルセポネー

それゆえ「プルトン（富める者）」とも呼ばれていた。また、神々のあいだで評判の美女神ペルセポネー（ゼウスの娘）を強引に娶《めと》り、冥界の女王としていた。

ハデスとペルセポネーの姿は、フランスの幻想画家デジデリオの『冥界の風景』で確認できる。左下で冥界の様子を見渡している二人がそれだ。

ハデスは黒髪に黒ひげを蓄え、矛を手にし、王者の風格を漂わせている。どことなくゼウスに似ているが、冥界の支配者だけに冷酷そうな表情をしている。実際、ハデスは非情な神で、人々に恐れられていた。ただ、ペルセポネーには優しかったらしく、ハデスの門から続くポプラ並木も彼女のためにつくったものであった。

エリュシオン

ギリシア神話の英雄たちが暮らす居心地バツグンの楽園

ギリシア神話の天国は気候の温暖な理想郷

冥界ハデスで審判を受け、生前に正しい行いをしたと判断された者は、ハデスからエリュシオンの野（パリのシャンゼリゼ通りの語源）、もしくは至福の島と呼ばれる楽園へと送られる。そこがギリシア神話で天国に相当する場所である。

エリュシオンの野と至福の島はどちらも世界の西の果てに位置しているといわれるが、ハデスのなかのもっとも美しい場所にあるともいわれ、所在地については定かではない。エリュシオンの野と至福の島を同一視する向きもあるが、ここでは別の場所として解説していくことにする。

エリュシオンの野は、気候の温暖な理想郷だ。雨や雪が降らず、激しい風も吹かない。1年じゅう暖かく穏やかで、爽やかな風が吹いている。さらに、ここだけの太陽と星が輝いている。スイスの画家シュヴァーベによる『エリュシオンの野』は、その美しくも幻想的な光景を見事に描き出している。

　またバロック時代のフランドルの画家ヴランクスは、『エリジウム（エリュシオンの野）で父親に出会うアエネアス』（80ページ）という作品に、エリュシオンの野の風景を描いた。中央にいるのが、トロイア戦争でトロイア側の武将として活躍したアエネアス（のちにローマ建国の祖となる）と、その父アンキセス。光に包まれたエリュシオンの野の光景が、二人の抱擁のシーンをより劇的なものへと昇華させている。

　エリュシオンの野の統治者は、クレタ王ミノスの弟ラダマンテュス。天界の神ゼウスとフェニキア王の娘エウロペ（ヨーロ

『エリュシオンの野』
カルロス・シュヴァーベ　1903年

エリュシオンの野は気候の温暖な理想郷。一年じゅう暖かく穏やかで、ここだけの太陽と星が輝いている

『エリジウムで父親に出会うアエネアス』
セバスチャン・ヴランクス　17世紀

トロイアの武将アエネアスとその父アンキセスが、エリュシオンの野で抱擁する場面

ッパの語源）のあいだに生まれた正義の士で、この地の統治者であると同時にハデスの裁判官の一人でもある。このラダマンテュスの支配のもとで、住人たちが歌い踊ったり、遊戯を楽しみながら、神々から授かった不死の生を謳歌している。

ギリシア神話に登場する吟遊詩人オルフェウスや海神ポセイドンの従者プロテウス、トロイア戦争を戦った伝説のスパルタ王メネラオスなどもここに住んでいるという。

至福者の島の支配者クロノスのおぞましい悪行

至福者の島もエリュシオンの野と同じく気候に恵まれた豊かな土地で、トロイア戦争最大の英雄アキレウスなどが住んでいるとされる。

統治者はゼウスの父クロノス。農耕神であるが、恐ろしい過去をもつ。

クロノスは姉の一人レアと結婚し、女神のヘスティア、デメテル、ヘラ、男神のハデス、ポセイドンをもうけた。しかし、「子どもの一人に王の地位を奪われるだろう」と告げられ、生まれた我が子を次々と飲み込んでしまう。

この場面を描いたのがスペインの巨匠ゴヤの『我が子を食らうサトゥルヌス』だ。狂気に満ちた姿で我が子を引きちぎるように食べるクロノス。その姿はあまりにも凄惨である。

『わが子を食らうサトゥルヌス』
フランシスコ・デ・ゴヤ　1820-23年

ゼウスの父クロノスが、狂気に満ちた姿で我が子引きちぎるように食べている

クロノスはその後に生まれたゼウスとも争い、地獄へ突き落とされた。しかし、のちに和解して至福の島を統治するようになったと考えられている。

タルタロス

もとは神々の牢獄だった巨大な穴 ここでは永遠に苦役は終わらない

冥界ハデスの底の底に存在する世界

冥界ハデスでの審判の結果、神々に対する冒涜、凶悪な殺人、悪辣な行為などの罪を犯したと判定された者はタルタロスと呼ばれる地獄へ突き堕とされる。タルタロスはハデスのさらに奥底、大地の最深部に位置する。古代ギリシアの詩人ヘシオドスの『神統記』によれば、地表からタルタロスまでの距離は天から大地までと同じとも、地表から落とした鉄の塊が届くまでに10日かかるともいわれる。

形状は巨大な穴のようになっており、そのまわりを青銅が取り巻き、青銅のまわりをさらにニュクス（夜）という女神が取り巻いている。脱出しようとしても、3人の巨人が見張っているため、とても逃げ出すことはできない。タルタロスは堅牢無比の地獄なのだ。

もともとタルタロスは、神々を封じ込める牢獄として使用されていた。たとえば、至福の島の統治者であるクロノスは、ゼウスと争った際にタルタロスに堕とされ、ここに封じ

『シジフォス』
ティツィアーノ・ヴェチェッリオ　1548-49年

巨岩を積み上げ続けるコリントスの王シジフォス。山が険しいために何度積んでも落ちてしまい、積み上げ作業は永遠に続く

込められたという。ティタン神族の神々や巨人ギガスなどもゼウスによってここに投げ込まれている。そのため、タルタロスは神々からも恐れられていた。

その後、ゼウスが神々の王としての地位を確固たるものにすると、タルタロスは邪悪な人間や神々を怒らせた人間を送り込む場所として使われはじめた。

永遠の苦役による精神的ダメージ

ギリシア神話には、タルタロスで罰を受ける者たちのエピソードが数多く収録されており、それをモチーフにした絵画もいくつか残されている。

そのなかでもっとも有名な作品の一つが、ルネサンス時

『ダナオスの娘たち』

マーティン・ヨハン・シュミット　1785年

結婚式の夜に夫を殺したため、水汲みの罰を与えられたダナオス王の娘たち。この水汲み作業も終わりなく続く

代にヴェネツィアで活躍したティツィアーノ・ヴェチェッリオが描いた『シジフォス』（83ページ）だ。

コリントスの王シジフォスは、死の遣いタナトスを欺いて死から逃れようとしたためにタルタロス送りとなった。タルタロスで与えられた罰は、巨大な岩を山頂に押し上げるというもの。シジフォスは必死に押し上げようとするが山はあまりに険しく、何度試みても岩は転げ落ちてしまうため、永遠に積み上げ続けなければならない。

ティツィアーノは、たくましい肉体のシジフォスが必死に巨岩を担ぎ上げている姿を力強く描いている。

オーストリアの画家シュミットの『ダ

ナオスの娘たち』には、永遠に水汲みを続ける罰が描かれている。ダナオス王は50人の娘たち（ダナイデス）を、王の双子の兄弟であるアイギュプトスの50人の息子たちと結婚させることにした。だが、ダナオス王は弟を苦しめようと、娘たちに対して結婚式の夜に夫の殺害を命令、50人のうち49人の娘たちが言いつけに従って夫を殺した。この罪の報いとして、49人の娘たちはタルタロスへ送られ、ひしゃくのかわりに与えられたふるいで、永久に水汲みをさせられることになった。

ふるいでは汲んでも汲んでも底から水がこぼれて終わらない。この仕事を永久にやり続けなければならない苦しみ。考え方によっては死刑よりも厳しい罰といえるだろう。

そのほかにも多くの罰がある。自分の息子を殺してその肉を神に食べさせたリディアの王タンタロスが受けた、タルタロスで永久に続く飢餓と渇きの罰。ゼウスの子を宿したレトを強姦しようとしたティテュオスが鷲に肝臓をついばまれる罰。ゼウスの妻ヘラを誘惑しようとしたイクシオンが回転する火の車に繋がれて延々と車輪を回し続ける罰。

タルタロスの罰の種類は無数にある。生きたまま焼かれたり、ムチで打たれたり、手足を切断されるなど肉体的な苦痛を与えられるものも多いが、無益な作業を永遠と続けさせ、精神的な苦痛を与える罰も多く見受けられるのである。

「ヴァルハラ」訓練、訓練、死後も訓練！戦士しか入れない黄金の天国

天国で鍛錬を続ける理由とは？

現在のノルウェー、スウェーデン、デンマーク、アイスランドなど、北ヨーロッパの人々のあいだで伝えられてきた神話を北欧神話という。

その世界観は独特で、宇宙は巨大な世界樹ユグドラシルを中心に構成されていると考えられている。

まず、もっとも高いところに北欧神話の主神オーディンをはじめとした神々の住む「アースガルズ」がある。その下に人間の住む「ミズガルズ」があり、さらにその下に暗闇に包まれた「ニヴルヘイム」がある。これらの世界がユグドラシルによって一つにつながっているのだ。

この北欧神話の世界観において、天国として位置づけられているのが、アースガルズである。

とりわけ、アースガルズでもっとも高いグラズスヘイム（歓喜の国）の地に建っている「ヴァルハラ」（戦死者の館）という宮殿が天国のイメージに合致する。

アースガルズの宮殿はみな黄金や銀でできているが、もっとも美しいのがヴァルハラで、黄金の盾を瓦にした屋根がキラキラと輝き、垂木に槍が渡してある。

内部の部屋は約５４００に及び、60万人以上が暮らせる。ヴァルハラはとにかく巨大な宮殿なのだ。

『ユグドラシル』
オルフ・ハッジ　1847年

世界樹ユグドラシル。北欧神話の世界観によると、この樹を中心に宇宙が構成されている

ただし、ヴァルハラの住人はここで毎日のんびりと過ごしているわけではない。やがて来るべき最終戦争に備え、鍛錬の日々を送っている。夜が明けると、みな武装して戦いを開始する。

じつはヴァルハラは一般人にとっての天国ではなく、戦いで死んだ戦士だけが行くことのできる、勇者のための天国である。海の戦士ヴァイキングを生んだ、北欧ならではの理想郷といえるだろう。

『ヴァルキリーの騎馬』
ジョン・チャールズ・ドールマン　1909年

兜や槍で武装したヴァルキリオルたちが戦死した英雄たちの魂を集めに行く場面。その姿は北欧特有のオーロラのようだったとされている

戦闘訓練のあと和気藹々と食事をとる生活

北欧神話によれば、この世の終末には、神々と巨人族との大戦争（ラグナロク）が起こる。その戦争に勝利するために、神々は戦闘で亡くなった戦士たちの魂をヴァルハラに集め、鍛錬させているのだ。

主神のオーディンも地上で戦争が起こるたびにヴァルキリオルという女神たちを派遣して、戦争の英雄たちを宮殿へ導いている。

ヴァルキリオルとは「殺された人々の選択者」という意味。兜をつけ、槍をもった勇壮な姿で馬に乗り、戦場へと出かけていく。その光景を描いたのがイギリスの画家

『ヴァルハラ』
エーミール・ドープラー　1905年

ヴァルハラでは戦士たちが毎日訓練を行い、それが終わると和気藹々と宴を繰り広げる。戦士たちには死後も休息はない

ドールマンの『ヴァルキリーの騎馬』だ。当時の人々は北方の空に輝く美しいオーロラをみて、ヴァルキリオルの鎧が輝いているものと信じたという。

また、ヴァルハラでの戦士たちの生活の様子は、ドイツの画家ドープラーが描いた『ヴァルハラ』をみるとよくわかる。戦士たちは〝訓練〟という名の殺し合いを常日頃行っているが、それが終わると女性たちにもてなされながら和気藹々《わきあいあい》と酒やビールを飲み、豪華な食事をとる。ドープラーの絵に描かれているのがその光景だ。右端にはオーディンの姿もみえる。

勇敢に戦って死んだ者にこそ、幸せが訪れる——。ヴァルハラはそんな価値観をもつ北欧神話らしい天国なのである。

ニヴルヘイム

戦士以外はこちらに……女神が治める寒くて暗い霧の国

半身が腐りかけた女神

北欧神話では、戦いで死んだ戦士しか天国に行くことはできない。戦士であっても無抵抗のまま殺されたり、病気や老衰で亡くなったりすると、「藁《わら》の上の死」と呼ばれ、侮辱の対象となった。では、天国に行けない者たちはどこに行くのかというと、ユグドラシルの最下層に位置する「ニヴルヘイム」（霧の国の意）へ送られる。

このニヴルヘイムこそ、北欧神話の地獄に相当する場所である。勇敢に戦っての戦死以外はみな地獄送りというのではなんとも厳しい話だが、神々と巨人族との戦いを控え、戦士たちの鍛錬が必要とされていることを考えれば、それも致し方ないのであろう。

ただし、正確にいうとニヴルヘイムは地獄ではない。キリスト教や仏教の地獄のように罪人だけが行く場所ではないので、過酷な責め苦が行われるようなことはないし、永遠の苦しみに苛まれるようなこともない。戦死者以外の死者の魂が住まう冥界だ。

もっとも、ニヴルヘイムは決して居心地のよい場所ではない。それはギンヌンガガブと呼ばれる亀裂の北にあり、暗くて不潔な匂いのする洞窟の入り口から入らなければならない。また、中央部分には煮えたぎる泉があり、その泉から流れるギョッル川の橋では巨人の処女が見張り番をしている。確かにニヴルヘイムで肉体的な責め苦を与えられることはないが、ここに住むこと自体が精神的な苦痛となりうる場所だ。

『ヘルの前のヘルモーズ』
ジョン・チャールズ・ドールマン　1909年

ニヴルヘイムの支配者である女神ヘルが、オーディンの息子ヘルモーズと対面している場面

ニヴルヘイムを支配している女神ヘルも非常に恐ろしい。英語で地獄を意味する〝Hell〟の語源となったヘルは、北欧神話の悪神ロキと巨人族の女アングルボダとのあいだにできた子で、半身は美しいが、もう一方の半身は腐りかけている。

『ロキの子どもたち』
エーミール・ドープラー　1905年

ヘルとその兄弟。狼の姿をした怪物がフェンリル、蛇の姿をした怪物がヨルムンガンドである

さらに、彼女の兄弟のフェンリルは狼の姿をした怪物、ヨルムンガンドは蛇の姿をした怪物である。フェンリルはラグナロクの際にオーディンを飲み込んでしまう。ヨルムンガンドはオーディンが海に投げ込んでも死なず、ラグナロクの際にはオーディンの息子トールと戦い、相打ちに。そしてヘルは、オーディンによって追放され、ニヴルヘイムの支配者となった。ドープラーの『ロキの子どもたち』に描かれているのがこの3兄弟だ。

ニヴルヘイムは神の力も及ばない

ヘルはギョッル川を渡り、番犬ガル

ムが睨みを利かせる門を入ったところにある巨大な館に住んでおり、そこに死者を呼び寄せて裁きを行っている。

　オーディンの子ヘルモードは、ヘルの父ロキの計略によって命を落とし、ニヴルヘイムへ送られた兄バルドルを救出するためにヘルの館を訪れた。

『NKS 1867 4to』
作者不詳　18世紀

オーディンの子ヘルモーズ（左）が女王ヘルと兄バルドルに会う場面

ヘルが「全員がバルドルのために泣くなら返す」というとみな泣いたが、そのなかにロキが変身した女巨人がいて、彼女だけが泣かなかったためにバルドルは戻ってこられなかった。

　北欧神話の主神オーディンの息子であっても、死の世界から戻ることはできなかった。ニヴルヘイムは神の力も及ばない世界なのである。

イアル野

天国でも働きます！ 砂漠の国の天国は現世そっくり

人類最古期の天国のイメージとは？

エジプトは人類最古期の文明発祥地である。砂漠の大地には多数の遺跡や壁画、彫像、古文書、ミイラ、副葬品などが残されており、それらから当時の死生観が読み取れる。

古代エジプト人は、人間が死んでも楽園で霊魂が復活し、永遠の命を得て、生前と同じような生活を送ることができると信じていた。

肉体をもち、食べたり飲んだりして働きもする。さらに音楽や踊りを楽しんだり、セックスに耽ることもできる。つまり、古代エジプト人が日常的に送っていた、あるいは理想とする生活が、死後も永遠に続くと考えられていたのである。

そんな生活の場となる楽園を「イアル野（セケト・イアル）」、もしくは「供物《くもつ》の野（セケト・ヘテプ）」という。イアル野は葦《あし》が繁る湿原であったり、運河が流れる田園であったり、水の上に浮かぶ島であったりと、さまざまにイメージされていた。

センネジエム墓 内部の壁画

作者不詳　紀元前1290-24年頃

死者がイアル野で穀物の刈入れを行っている。古代エジプトの楽園は、現世とよく似ている

ファラオの書記官アニが古代エジプト人の死生観を記したパピルス文書『死者の書』には、死者はイアル野でエンマー小麦と大麦を収穫すると書かれている。センネジウム墓室内部の壁画にも、死者が樹木が生い茂る場所で穀物の刈入れを行う姿がみえる。

エジプトの大部分は不毛な砂漠地帯であり、日照り続きで乾燥すれば干ばつに見舞われることも少なくない。そのため、古代エジプト人は水に恵まれ、豊かな収穫が約束された楽園を死後の世界として想像したのだろう。

では、この楽園がどこにあるのかというと、東方や西方の砂漠の向こう側、デルタ地帯、天空、地下の冥界など、時代によって異なっていた。

また古王国時代（紀元前27世紀〜紀元前22世紀）は、楽園に行けるのはファラオだけとされていたが、古王国時代末期には貴族も行けるといわれるようになり、中王国時代（紀元前21世紀〜紀元前17世紀）に入ると一般の民衆も行けると信じられた。

ただし、誰でも楽園に行けるわけでもない。楽園に入るには冥界の王オシリスの前で、現世での行いを告白しなければならないのである。

ちなみに、このオシリスの審判がキリスト教やイスラーム教などにおける最後の審判のルーツではないかともいわれている。

オシリスの審判で天秤にかけられるのは己の心臓！

オシリスによる審判の間に通された死者は、陪審員をつとめる42柱の神に対して、「人を殺したことはありません」「盗みをはたらいたことはありません」「他人をだましたことはありません」などと、生前の悪行に関する問いをすべて否定し、自分がいかに心正しい人間であったかを述べる。そして、死者の心臓と真実の象徴であるマアトの羽（もしくは羽を頭につけたマアト神の小像）を天秤にかける。

ファラオの書記官アニが書いた『死者の書』（97ページ）の挿絵には、この審判の様子が

『死後の書』
作者不詳　紀元前1450-00年頃

オシリスの審判のようす。死者は心臓を天秤にかけられ、その結果によって行き先を決められる

描かれている。死者の前に天秤が置かれ、ジャッカルの頭をもつアヌビス神が、死者の心臓とマアトの羽を天秤にかけている。その様子をトキの頭の姿をしたトト神が記録しており、上部には陪審員をつとめる神の姿が確認できる。

天秤は、死者が嘘偽りのない真実の告白をしていれば釣り合う。釣り合うと、死者はハヤブサの頭をもつホルス神に導かれ、オシリスの前に出る。

そこでオシリスから「声正しき者」と宣言されると楽園行きが認められる。

一方、死者が嘘の告白をしていれば天秤は釣り合わず、ワニの頭をもつアメミトという怪物に心臓を食べられ、本当に死んでしまう。

そして汚物や汚水にまみれた「ツアト」と呼ばれる地獄に落とされ、そこで永遠に苦しみ続けることになるのである。

マヤ、アステカ、メソポタミアなど古代の人々は死後の世界をどう考えていた？

◉メソポタミア文明のあの世も地下にあった！

人類最古の文明は紀元前3500年頃、チグリス・ユーフラテス川流域で成立したメソポタミア文明だといわれている。その古代文明でも死後の世界が想定されていた。

メソポタミアに住んでいたシュメール人やアッカド人が信じたあの世は「不帰《ふき》の国」といい、地下にある暗く陰鬱な場所とされた。『ギルガメシュ叙事詩』などの神話によれば、不帰の国へは悪魔が守る7つの門を通って行く。支配者は女王エレシュキガルとその夫ネルガルで、二人は青く輝く宮殿に住んでいる。死者が不帰の国にやってくると、審判を経てここに住むことを認められる。しかし、闇に包まれた世界で埃《ほこり》や土を食べて暮らすことになるため、決して喜ばしくはない。

不帰の国のほか、世界の果ての外側に不死者

『アーサー王のアヴァロンでの最後の眠り』
エドワード・バーン=ジョーンズ　1894年

ケルト人の楽園のイメージ。アーサー王がアヴァロンで果てた場面を描いている

が住むディルムンという楽園があったといわれており、この楽園をエデンの園の原型と考える識者も少なくない。

◉誰でも幸せに暮らせる死後の世界を考えていたケルト人

ギリシア・ローマを除くヨーロッパ全土に先史時代から分布していた古代ケルト人は、死後は誰でも幸せに暮らせると考えていた。

ケルト人の一派であるグレートブリテン島のブリトン人が想定していた死後の世界は、海の反対側に位置するアヴァロンという島。死者はそこでたくさん食べて豊かな生活を送った。スコットランドやアイルランドに暮らす北方ケルト人のゲール人は、ティル・ナ・ノグという魔法の島を死後の世界と考えた。そこでは老化や衰弱がなく、豪華な宮殿で好きなだけ飲み食いして暮らした。

ブリトン人やゲール人の死後の世界の所在地は海上とされていたが、彼らの居住域に近いウェールズやアイルランドでは地下とされた。ウェールズではその地下世界を「アンヌン」といい、アーサー王が魔法の大鍋を奪いに行く様子が叙事詩や絵画に描かれている。19世紀にイギリスで活躍したラファエル前派の画家バーン＝ジョーンズによる『アーサー王のアヴァロンでの最後の眠り』（98、99ページ）は、この世に戻ったアーサー王がアヴァロンで果てた場面を描いたもの。これをみると、ケルト人の楽園のイメージも、キリスト教神話における楽園のイメージとよく似ていることがわかる。

◉ゾロアスター教は一神教の源流

古代イラン（ペルシア）では、紀元前7世紀頃からゾロアスター教が栄えた。ゾロアスター（ドイツ語読みではツァラトゥストラ）を開祖とし、火を神聖視する宗教で、一神教と二元論の源流といわれている。

ゾロアスター教の死後の世界観において注目すべきは、天国と地獄、最後の審判などの概念が存在すること。ユダヤ教、キリスト教、イスラーム教と続く一神教において天国と地獄、最後の審判などが説かれるのは、この宗教の影響とも考えられているのである。

ゾロアスター教の教えによれば、死者の魂は死後3日間にわたって死体の周囲を漂い、4日目に審判が行われる。生前の善行と悪行が天秤にかけられ、両者が釣り合った者はハミスタガーンと呼ばれる中間界へ向かう。釣り合わなかった者は天国へとつながるチンワト橋を渡るが、このとき善行のほうが重い者は橋を渡って天国へ、悪行のほうが重い者は橋を渡れず地獄へ堕とされる。

ゾロアスター教は先述のとおり火を神聖視しているため、地獄の責め苦に火刑はない。その代わり、悪虫に刺されたり、灰や糞を食べさせられたりといった拷問を受ける。

◉アステカやマヤの死後の世界

アメリカ大陸の死後の世界では、死者に対する試練に特徴がみられる。14〜16世紀にメキシコに築かれて栄えたアステカ文明では、人は死後、いくつもの試練を乗り越えてミクトランと呼ばれる冥府へ向かうとされた。ミクトランへの道中は崖崩れがあったり、蛇やワニが待ち構えていたり、8つの山や8つの砂漠、悪魔の待ち伏せなど苦難の連続で、たどり着くまでに4年もの月日がかかるという。

アステカ文明以前に栄えたマヤ文明でも、シバルバという死後の世界に至るまでに、棘《とげ》のある木の間を抜けたり、膿《うみ》の川や血の川などを越えなければならないとされた。

あの世の住人

ガブリエル

神の意志を伝える天国のメッセンジャー

『受胎告知』エル・グレコ　1590-1603年

ガブリエルはキリスト教の3大天使の一人で、神の計画を下界に伝える役目を担っている。聖母マリアの前に降り立ち、イエスを身ごもったことを告知したのもガブリエルだ。この「受胎告知」の場面は、エル・グレコのほかダ・ヴィンチなどもモチーフにしているが、どことなく女性的に描かれるのが特徴的である。

一方、イスラーム教では預言者ムハンマドに神の意志を伝えたのがガブリエル（ジブリール）だとされている。宗教は違っていても、メッセンジャーとしての役割を与えられていることに変わりはないのだ。

あの世の住人

ミカエル

サタンを天国から追い出した最強の天使

『大天使ミカエルと叛逆天使たち』ジョルダーノ　1666年頃

ルシファー（サタン）などが天国で叛逆《はんぎゃく》を起こしたとき、神の剣を振るって退治した大天使、それがミカエルだ。

神が最初につくった最強の天使とされ、ジョルダーノの絵のように、キリスト教では鎧で身を固めた美青年として描かれる。

神の戦士だけでなく、イスラエルの民を守ったり、最後の審判で人の魂の善悪を測るなど、さまざまな役割を負っており、その肩書きはどの天使よりも多い。

また、ヨーロッパにはミカエルの降臨伝説の残る地が多く、その名を冠した教会がいくつも存在している。

あの世の住人

ラファエル

病や傷を治したり旅人を守護する優しき天使

『三大天使とトビアス』ボッティチーニ　1470年

ラファエルとは、「神は癒す」を意味する。ここからわかるように、ラファエルは病と傷の治療をつかさどる天使だ。

神によって下された大洪水の惨劇の際には、ノアに医術の書を与えたとされる。

ラファエルはまた、旅人や巡礼者を守護する役目も担っている。そのため、杖や水筒を携えた旅人の姿で描かれることが多い。ボッティチーニによる本作はその典型である。旅人姿のラファエルが正体を明かさずに旅人トビアに同行して、アスモデウスという悪魔から守り抜いた逸話が描かれている。

あの世の住人

ルシファー

神に逆らい天国を追放された地獄の王

『堕天使たちを喚起するサタン』ブレイク　1807年

ルシファー（サタン）は、もとは高位の天使であった。神からもっとも寵愛を受けていた天使とも伝わる。しかし、神の座を狙って叛《はん》乱《らん》を企てたためミカエルに退治され、天国から追放。最終的に地獄の王となったのだ。

　地獄でのルシファーは悪魔たちを組織し、人間を堕落させるためにさまざまな悪事をはたらいている。ブレイクの絵は、自分と同じく深淵へ堕とされたベルゼブブなどの悪魔たちを「目覚めよ、起き上がれ」と喚起している場面を描いたもの。天使時代にもっていたとされる12枚の翼は、もはや描かれていない。

あの世の住人

バフォメット

魔女と通じ子どもを焼き串にする山羊頭の悪魔

『魔女たちのサバト』ゴヤ　1798年

悪魔はさまざまな姿で描かれ、動物の偶像をとるケースも多い。バフォメットもその一つで、黒山羊の姿で描かれる。

人里離れた山中で行われる悪魔崇拝の祝祭「サバト」と深い関連があるといわれ、ゴヤの絵では魔女が取り囲むなかで、子どもたちを焼き串にするバフォメットらしき偶像が描かれている。サバトでは魔女たちと悪魔が性的に通じ、契約を結ぶともいわれているから、このあと事に及ぶのだろう。

なお、バフォメットの名は、イスラーム教の預言者ムハンマド（マホメット）に由来するともいわれているが、真偽は不明だ。

ゼウス

強力無比で好色なギリシア神話の最高神

『ユピテルとテティス』アングル　1811年

ギリシア神話にはオリュンポス12神をはじめとした多数の神々が登場する。その最高神として君臨するのがゼウス（ローマ神話ではユピテル＝ジュピター）である。

農耕神クロノスと巨人族のレアのあいだに生まれたゼウスは、雷や嵐を自由自在に操る力をもち、人間が直にみると焼け死ぬほど神々しい姿をしていた。

その一方、無類の女好きで、何人もの女性をものにした。アングルの絵には、玉座に座るゼウスと海の女神テティスが描かれている。ゼウスはテティスにも求婚したが、彼女を手に入れることはできなかった。

アフロディテ

祖父の性器から生まれた美の女神

『ヴィーナスの誕生』ボッティチェリ　1485年

ルネサンスの巨匠ボッティチェリの代表作『ヴィーナスの誕生』。ここに描かれている女神が、アフロディテ（ローマ神話ではウェヌス＝ヴィーナス）だ。

アフロディテの誕生譚は衝撃的だ。クロノスが父ウラノスの性器を切り取り、それを海に投げ捨てると、白い泡が湧き出てきた。そこから彼女が誕生したというのである。

『ヴィーナスの誕生』は、誕生後にキュプロス島に上陸した場面を描いたもの。3人の女神が美を競った「パリスの審判」でも勝利し、美の女神として崇められるようになった。

ロキ

善でも悪でもない北欧神話のトリックスター

『ロキとシギュン』エッカースベルグ　1810年

善でも悪でもなく、自分の思うがままに行動する天邪鬼《あまのじゃく》のような存在——。それが北欧神話の神ロキである。

巨人族出身のロキは北欧神話の主神であるオーディンらの仲間となり、行動をともにするが、ことあるごとに困難をもたらした。その罰として石に縛られ、蛇の毒をたらされるという恐怖の責め苦を受けたこともある。キリスト教で悪魔とみなされるのは、こうしたイメージによる影響が大きい。

しかし頭がよく術策に優れ、数々の難問を解決。オーディンらにさまざまな財宝をもたらした。一筋縄ではいかない神なのだ。

あの世の住人

ジン

「アラジンと魔法のランプ」のモデルとなったアラビアの妖魔

『アラビアンナイト』挿絵　スマーク　1802年

古来、アラブに伝わる妖魔ジンは、最初の人間であるアダムが創造される2000年前、神によってつくられた。『千夜一夜物語』のなかの「アラジンと魔法のランプ」では、ランプの精として描かれている。

原初のジンは自然界の精霊で、善良な者と性悪な者がいた。やがてイスラーム教ができると、キリスト教の影響からか、悪魔の概念が取り入れられ、性悪なジンがそのモデルになったとされる。

ジンのなかでもっとも邪悪で強力なのがイフリートで、イスラーム教の聖典『コーラン』でも一度だけ言及されている。

第二部　東方世界のあの世

東方世界のあの世

壮大なスケールで展開する万物流転の世界

――多神教だと天国も複数ある

アジアは仏教をはじめとして、さまざまな宗教が誕生してきた地域である。日本では仏教や神道が古くから信仰されており、現在も生活・文化のなかに強く息づいている。仏教発祥の地インドでは、仏教はかなり衰退してしまったが、バラモン教を基盤に成立したヒンドゥー教、イスラーム教、シーク教、ジャイナ教、ゾロアスター教などが信仰され、中国では儒教《じゅきょう》や道教《どうきょう》などの民間信仰が広く定着している。

これらの宗教の多くに共通しているのが、多神教であること。この点は、キリスト教を中心に一神教の多い西方世界と大きく性格を異にする。

では、東方世界の宗教は死後の世界をどのようにイメージしているのだろうか。

まず一つ目の特徴としては、各宗教で天国や楽園のような世界が複数存在することが挙げられる。たとえば、一神教であるキリスト教は一つの天国しか想定していないが、仏教

『熊野観心十界図』
作者不詳　17世紀

仏教のあの世観を描いたもの。上部には仏のいる極楽が、下部には恐ろしい地獄が描かれている

は阿弥陀如来《あみだにょらい》が主宰する極楽浄土《ごくらくじょうど》、薬師《やくし》如来の瑠璃光《るりこう》浄土、観音菩薩《かんのんぼさつ》の補陀落《ふだらく》浄土など、浄土と呼ばれる天国を複数想定している。一説によれば、その数は210億にもなるという。仏教を生み育んだインドでも、最高神シヴァ、ブラフマー、ヴィシュヌなどがそれぞれヒンドゥー的天国を主宰していると信じられてきた。

東方世界の死後の世界のもう一つの特徴は、天国にしても地獄にしても終着点とされていない点だ。仏教やヒンドゥー教などは、すべての生き物は生まれ変わり死に変わりを繰り返す輪《りん》廻転生《ねてんせい》を説いており、天国にも地獄にも永遠にいることはないとしている。東方世界の死後の世界観は壮大なスケールで展開しているのである。

須弥山《しゅみせん》

極楽や地獄は、この巨大な山にある！

仏教の宇宙観は「須弥山世界」で表される。この図をみれば、六道の位置関係などが一目でわかる

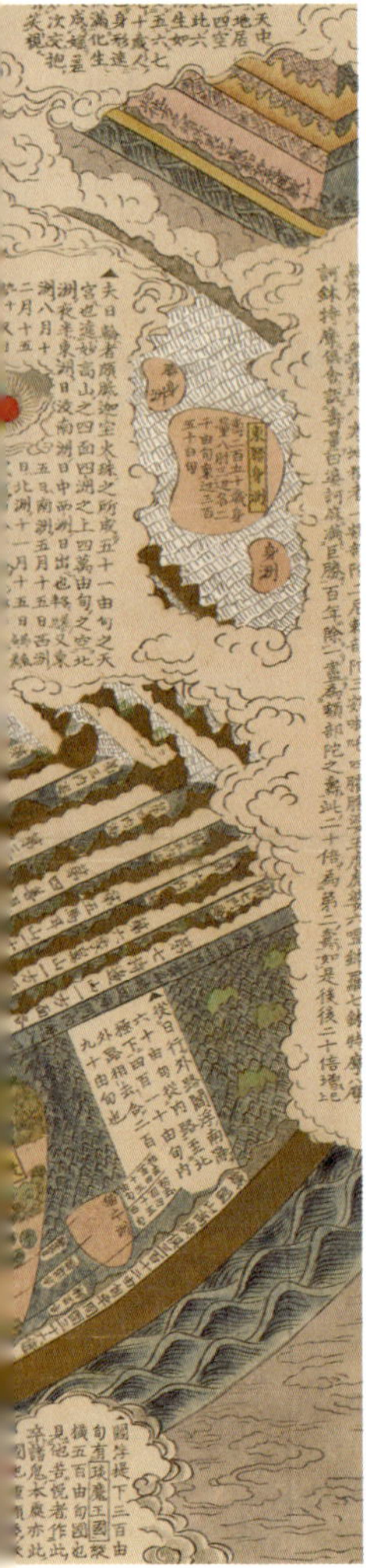

【六道の場所】

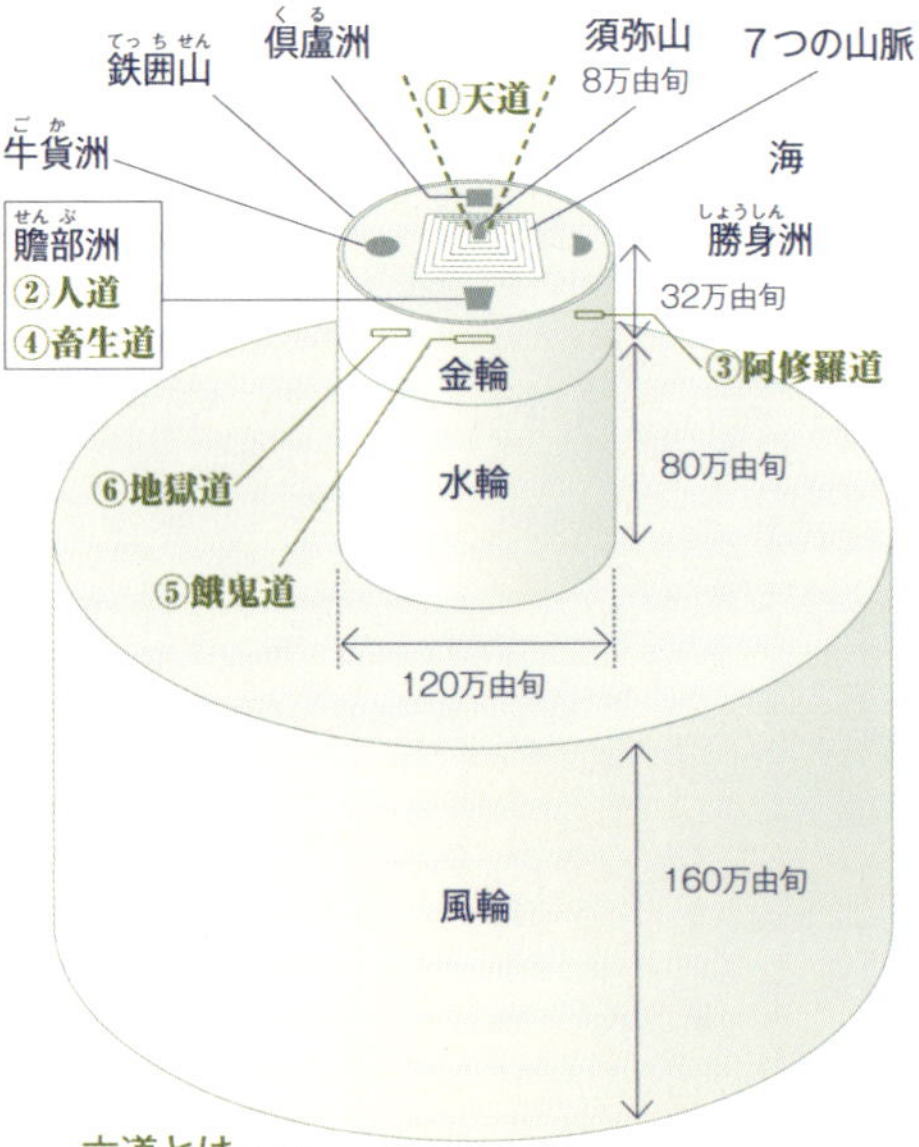

六道とは……

①天道：神々が住む世界
②人道：人間が住む世界
③阿修羅道：争いや怒りが絶えない阿修羅の世界
④畜生道：人間以外のあらゆる動物が住む世界
⑤餓鬼道：飢えと渇きに苦しむ餓鬼が住む世界
⑥地獄道：罪を犯した者が堕ちる世界

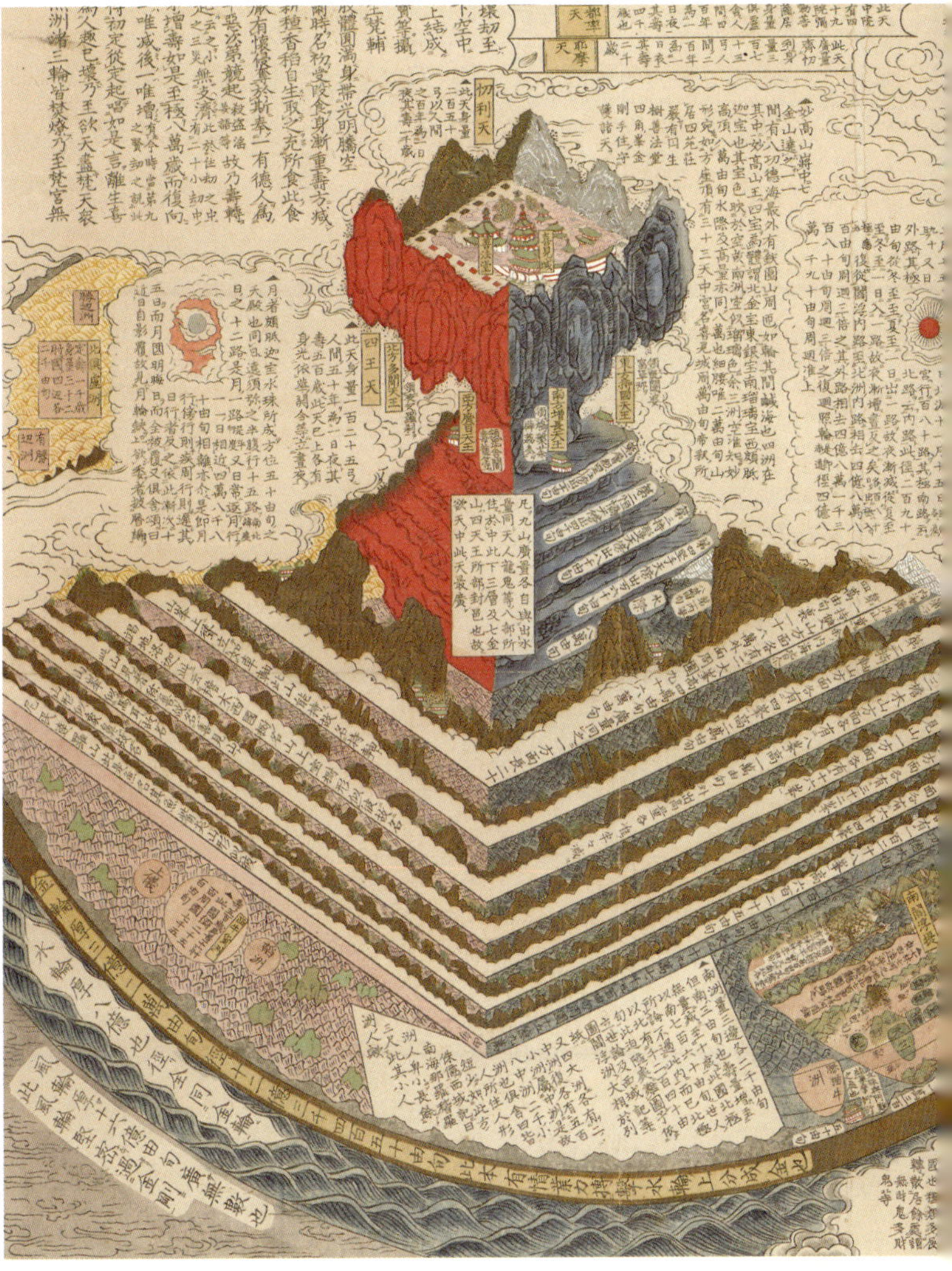

『世界大相図』（部分）　存統　1821年　龍谷大学図書館

青と赤に塗られた山が須弥山。この山を中心に宇宙が広がっている

生まれ変わりを繰り返す輪廻転生の思想

日本人にとってもっとも身近な宗教の一つ、仏教。その教えでは、人間をはじめとするすべての生き物は生まれては死に、また生まれては死に……を繰り返すとされている。古代インドのバラモン教やヒンドゥー教をルーツとして成立した「輪廻転生」の考え方だ。

生まれ変わる先は天道、人道、阿修羅道、畜生道、餓鬼道、地獄道の6つ、いわゆる六道に分けられる。天道は帝釈天《たいしゃくてん》などインド土着の神々が住む世界、人道は人間が住む世界、阿修羅道は阿修羅が住み、争いや怒りが絶えない世界、畜生道は人間を除くすべての動物が住む世界、餓鬼道は飢えと渇きに常に苦しんでいる餓鬼が住む世界、地獄道は罪を犯した者が堕《お》ちる世界。善行を積めば天道、人道、阿修羅道に行き、悪行を積めば畜生道、餓鬼道、地獄道に行く。

そして、この六道を何度も何度もめぐりながら、あらゆる苦悩や欲望から解放され、輪廻から解脱《げだつ》することを目指すのである。

六道を「須弥山世界」の俯瞰図でみると……

では、六道はどこにあるのだろうか。

仏教の宇宙観を理解するには、須弥山《しゅみせん》世界を描いた図が役に立つ。須弥山世界とは5世紀にインドで書かれた経典『倶舎論《くしゃろん》』に基づく概念で、『世界大相図』（115ページ）は、江戸時代の僧侶存統《ぞんとう》が描いたものだ。

まず、何も存在しない無限の虚空に「風輪」という円筒型の島のようなものがあり、その上にやや小ぶりな円筒型の島「水輪」が、水輪の上にさらに小ぶりな円筒型の島「金輪」が乗っている。風輪、水輪、金輪からなる土台に屹立《きつりつ》している巨大な山が須弥山だ。水面からの高さは8万由旬《ゆじゅん》（約56万キロメートル）といわれ、須弥山の上空に天道がある。天道は上層に行くほど広くなり、高みにのぼるほど解脱に近づく。

須弥山の周囲には7つの山がそびえ立ち、山の外側には海が広がっている。海水がこぼれ出そうだが、鉄囲山《てっちせん》という鉄でできた山で取り囲まれているため、こぼれることはない。海には4つの大陸が浮かんでいる。須弥山の北に位置するのが「倶盧洲《ぐるしゅう》」、南に位置するのが「贍部洲《せんぶ》」、東に位置するのが「勝身洲《しょうしん》」、西に位置するのが「牛貨洲《ごか》」で、4つ合わせて四大洲《しだいしゅう》という。このうち贍部洲に人間が住む人道と畜生道が、同洲の地下に阿修羅道、餓鬼道、地獄道が広がっている。

この須弥山世界で輪廻を繰り返し、やがて解脱《げだつ》に成功すると涅槃《ねはん》へと至る。つまり、仏教の最終目的である消滅へと至るのである。

極楽①

修行は不要！「南無阿弥陀仏」の一言だけで行ける天国

極楽浄土は、すべてが光り輝く悦楽の世界。ここに行くことを許された者には、阿弥陀如来が見守るなかでの至福の暮らしが待っている！

宝石でつくられた宮殿や楼閣が立ち並ぶ

樹木も宝石でできており、風に揺られて音楽を奏でる

『當麻曼荼羅』（平成本）　伝中将姫　763年頃　當麻寺
画面中央に描かれているのは極楽浄土の主宰者である阿弥陀如来。

昼夜を問わず花びらが舞い、幻想的な鳥がさえずり声で仏の教えを伝える

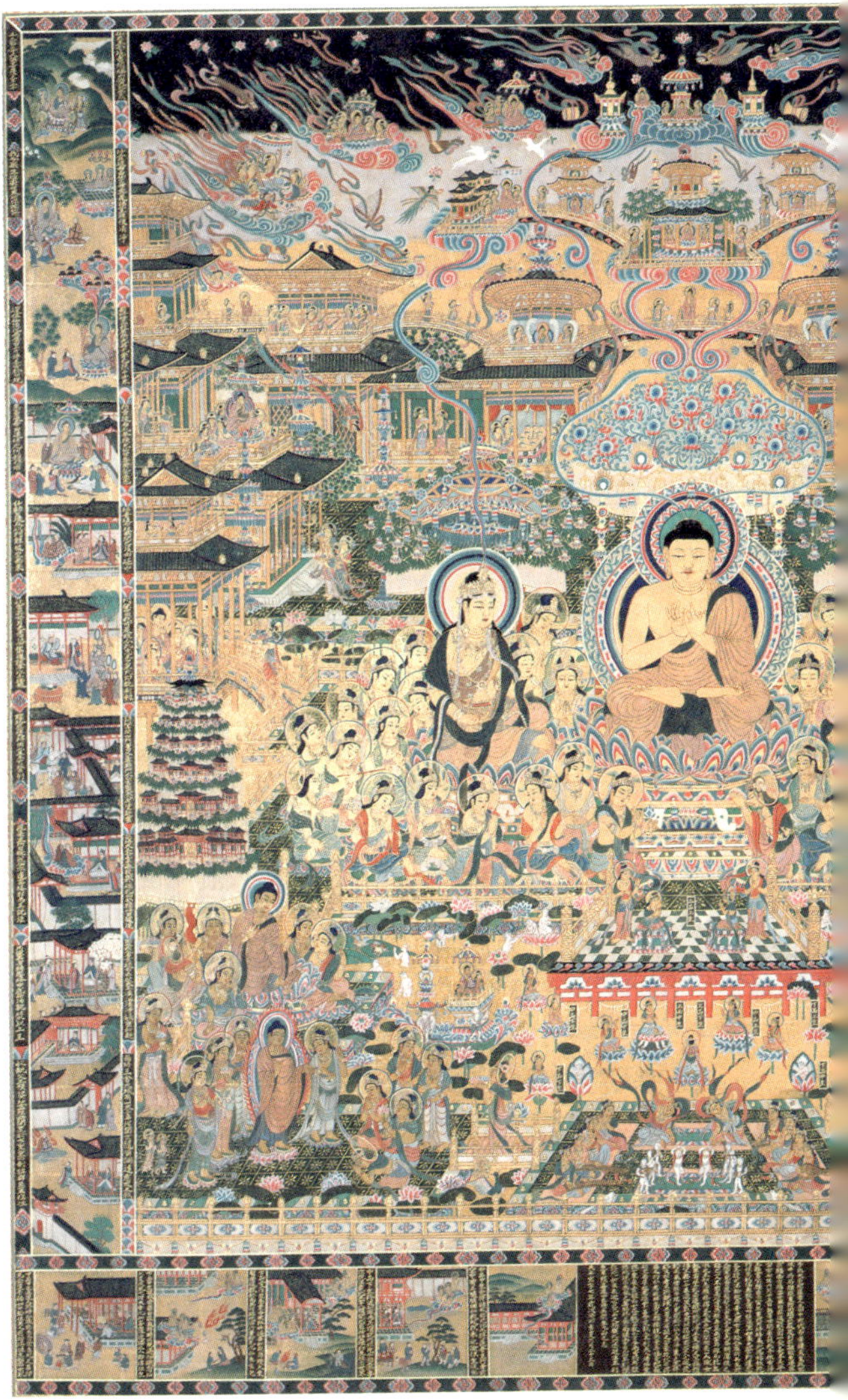

阿弥陀如来と人々が親しく接し、教えを受けている

阿弥陀如来が治める

仏教が成立してからしばらく経つと、さまざまな宗派が誕生し、無数の経典がつくられた。経典は死後についても言及したが、六道輪廻以外の新たな来世観を説く経典も多々あった。そうしたなか、平安時代末期に広まったのが「極楽浄土」だ。

極楽浄土とは、仏がつくった国のこと。仏教における天国である。仏教世界には、薬師如来が主宰する東方浄瑠璃浄土や釈迦《しゃか》如来が主宰する無勝荘厳《むしょうそうごん》浄土など、仏ごとに210億もの浄土があるといわれるが、日本では阿弥陀如来が主宰する極楽浄土がもっとも浸透している。

平安時代以前は、みずから厳しい修行を積んだ者だけが浄土へ行けると信じられていたが、庶民が修行を中心にした生活を送るのは容易ではなかった。そこで「南無阿弥陀仏《なむあみだぶつ》」、つまり「阿弥陀如来に心から帰依《きえ》します」と唱えさえすれば、誰でも極楽浄土へ行くことができるという浄土思想が登場し、熱烈な信仰を集めることになったのである。

極楽浄土を一言でいえば、すべてが光り輝く悦楽の世界である。具体的な情景描写は、『無量寿経《むりょうじゅきょう》』『観《かん》無量寿経《むりょうじゅきょう》』『阿弥陀経』の3冊からなる「浄土三部経」に詳しい。

すべてが光り輝く憧れの世界

「浄土三部経」によると、極楽浄土は人間界から遠く離れた西の果てに位置する。その距離は10万億仏国土と、とてつもなく遠い。なかに入ると、金、銀、瑠璃、玻璃《はり》（水晶）、シャコ貝、サンゴ、瑪瑙《めのう》の七つの宝石でつくられた宮殿や楼閣が立ち並び、宝珠《ほうじゅ》の並木から昼でも夜でも花びらが舞い落ちる。また白鵠《びゃっこう》、孔雀《くじゃく》、鸚鵡《おうむ》、舎利《しゃり》、迦稜頻伽《かりょうびんか》、共命《ぐみょう》などの幻想的な鳥が舞い、さえずり声で仏の教えを伝えてくれる。

七宝《しっぽう》の池も注目に値する。この池には甘い、冷たい、柔らかい、軽い、清らか、臭みがない、喉を傷めない、お腹を壊さないといった功徳《くどく》のある八功徳水《はっくどくすい》で満たされており、池の底には金の砂が敷き詰められている。さらに、極楽浄土の主宰者である阿弥陀如来と親しく交際し、心の赴くままに教えを受けられる。極楽往生した者が阿弥陀如来から直接教えを受ければ、悟りを開くこともできる。これ以上ない悦楽の世界である。

そんな極楽浄土の光景をビジュアルにあらわしたのが、『當麻曼荼羅《たいままんだら》』に代表される「阿弥陀浄土変相図」だ。『當麻曼荼羅』は、浄土に憧れ続けて読経や写経につとめた奈良時代の右大臣の娘中将姫《ちゅうじょうひめ》が、目の前に出現した光景を織り上げたものといわれている。多くの人々がこの黄金に輝く極楽浄土に魅了され、信仰を深めることになった。

極楽②

苦しむ人々を早く救いたい……雲に乗ってかけつける如来

臨終を迎えるときには、阿弥陀如来が迎えにきて、極楽浄土へと導いてくれる。その様子を描いたのが来迎図《らいごうず》。雲に乗った来迎や山越えの来迎など、さまざまな構図がある

『山越阿弥陀図』 作者不詳
13世紀 京都国立博物館
極楽浄土から高い山を越えてやってきた山越えの来迎図。山の端にかかる落日、あるいは満月を阿弥陀に見立てたものとされる

『阿弥陀二十五菩薩来迎図』部分　作者不詳
13-14世紀　知恩院
25の菩薩を従えた阿弥陀如来が、右下に描かれている臨終間際の往生者のもとに降下しようとしている。
阿弥陀如来らが乗った雲（来迎雲）の尾を長く長く描くことによって、来迎のスピード感を感じさせる効果がある

唱えた者全員を救おう、という誓い

極楽浄土を語るうえで、欠かすことのできないのが阿弥陀如来である。臨終を迎える際、「南無阿弥陀仏」と唱えると、阿弥陀如来が迎えに来て極楽浄土へと導いてくれる。この来迎《らいごう》（お迎え）の背景には、阿弥陀如来の本願《ほんがん》（誓い）がある。

阿弥陀如来は如来になる前の菩薩時代に48の誓いを立てた。そのうち第十八願「念仏往《ねんぶつおう》生願《じょうがん》」は「極楽浄土へ行きたいと願って『南無阿弥陀仏』と唱えるすべての者を救う」というもので、第十九願「来迎引接《いんじょう》願」は「極楽浄土に行きたいと心の底から願うなら、臨終の際、多くの聖者とともにその者の前にあらわれる」というものであった。この誓いに基づき、阿弥陀如来は死者を救ってくれるのである。

阿弥陀如来の来迎の仕方は、大きく4パターンに分けられる。一つ目は阿弥陀如来だけがあらわれる一尊来迎、二つ目は阿弥陀如来が勢至菩薩と観音菩薩を従えてあらわれる三尊来迎、三つ目は阿弥陀如来がいくつかの菩薩を従えてあらわれる聖衆《しょうじゅう》来迎、四つ目は阿弥陀如来が25の菩薩を従えてあらわれる二十五菩薩来迎である。また、西方の高い山を越えて来迎する山越え来迎も少なくない。それらのなかで、もっとも多く描かれたモチーフが二十五菩薩来迎図だ。

雲の尾は、「一刻も早く」という思いに応えている証拠

二十五菩薩来迎図は、政争や疫病で世のなかが不安になった平安時代末期から鎌倉時代にかけて多数描かれた。その代表例としては、知恩院の国宝『阿弥陀二十五菩薩来迎図』があげられる。

本作は、勢至菩薩と観音菩薩に先導された阿弥陀如来一行が「来迎雲」という雲に乗り、高くそびえる山を越えて、臨終を迎える高僧のもとに降りて行く場面を描いたもの。「早来迎」とも呼ばれ親しまれている。

注目すべきは一行の乗った来迎雲の表現だ。流麗な表現に加え、雲の尾をどこまでも長く描くことで、雲の動きがスピーディーに感じられるのである。「早来迎」の通称も、この速度感に由来する。

当時の人々は、「阿弥陀如来にすぐ迎えに来てほしい、一刻も早く救ってほしい」という願望を抱いていた。迎えに来てくれることは確信しているが、どうせ来てくれるなら、臨終したらすぐに来てほしい、そのときになったら瞬時に極楽浄土へ連れて行ってほしい、そうした人々の率直な願いが絵図に描かれているのである。

地獄

生前に犯した罪しだい！責め苦の種類は世界一

仏教の地獄は8つに分かれており（八大地獄）、生前に犯した罪によって行き先が異なる。そして行き着いた先では、じつに多様な責め苦が行われる

地獄の責め苦

下に行けば行くほど、罪が重くなる

①**等活地獄**：鬼に鉄棒で叩かれる

②**黒縄《こくじょう》地獄**：鉄斧で切り刻まれる

③**衆合地獄**：杵と臼で身体をつぶされる

④**叫喚《きょうかん》地獄**：熱湯釜に入れられる

⑤**大叫喚地獄**：叫喚地獄と同じ責め苦を10倍増で受ける

⑥**焦熱《しょうねつ》地獄**：鉄板で焼かれる

⑦**大焦熱地獄**：それまでの地獄の責め苦を10倍増で受ける

⑧**無間《むげん》地獄**：それまでの地獄より長く激しい責め苦を受ける

『極楽地獄図』狩野山楽
16世紀後半　長岳寺

焦熱《しょうねつ》地獄。この地獄では熱した鉄板で焼かれたり、鉄串に刺されて焼かれるなど、激しい熱による責め苦が与えられる

地下にあり、8つの階層に分かれている

仏教では、現世で罪を犯した者は地獄道に堕ちるとされている。殺生《せっしょう》（いたずらに生き物の命を絶つ）、盗み（他人のものを盗む）、邪淫《じゃいん》（妻または夫以外の者と淫事を行う）、飲酒（酒に溺れる）、妄語（嘘をつく）、邪見（因果の道理を無視する）、犯持戒人（童女や尼僧を犯す）、父母・阿羅漢殺害（親や徳の高い僧侶を殺す）が仏教の罪であり、これらの罪を犯すと地獄のどこかに送られ、その罪に見合った責め苦を負わされるのだ。

地獄の所在地について、前述の経典『倶舎論』は瞻部洲の地下に存在するとしている。そこは5000由旬（地球を2個以上突き抜けた深さ）という、とてつもなく深いところらしい。構造は炎による責め苦が行われる「八熱地獄」と、激しい寒さによる責め苦が行われる「八寒地獄」からなり、それぞれ8つの階層に分かれている（八大地獄）。

八熱地獄での残酷すぎる拷問

八熱地獄は、上から等活地獄、黒縄《こくじょう》地獄、衆合地獄、叫喚《きょうかん》地獄、大叫喚地獄、焦熱《しょうねつ》地獄、大焦熱地獄、無間《むげん》（阿鼻《あび》）地獄となっている。安土桃山時代、狩野山楽《かのうさんらく》によって描かれた『極楽地獄絵』（長岳寺《ちょうがくじ》蔵）をみると、各地獄の阿鼻叫喚の光景がよくわかる。

等活地獄は、殺生を犯した者が堕ちる。ここでは罪人同士で骨になるまで殺し合ったり、鬼に鉄の棒で叩かれたりする責め苦が続く。黒縄地獄は殺生と盗みを犯した者が堕ち、熱く燃えたぎった鉄板に乗せられ、鉄斧で身体を切り刻まれる。殺生や盗みのほか、邪淫の罪を犯した者が堕ちる衆合地獄では、杵と臼で身体をつぶされたり、鷲につつかれたりする。殺生、盗み、邪淫に加え、飲酒の罪を犯した者が堕ちる叫喚地獄では、熱湯の大釜や鉄室に入れられたり、口から煮えたぎる銅を流し込まれたりする。

大叫喚地獄は殺生、盗み、邪淫、飲酒に妄語の罪が加わった者が堕ちる。与えられる責め苦は叫喚地獄と同じだが、苦しみは10倍になる。焦熱地獄は殺生、盗み、邪淫、飲酒、妄語のほか仏教の教えに反する罪を犯した者が堕ち、熱した鉄板で焼かれたり、鉄串に刺されて焼かれる。これらの罪に加え、童女や尼僧を犯した者は大焦熱地獄に堕ちる。ここでは、それまでの地獄で受けた10倍の責め苦を受ける。そして最後の無間地獄は、これらの罪のほかに親や高僧を殺した者が堕ち、それまでの地獄より長く激しい責め苦を受ける。

八寒地獄も頞部陀《あぶだ》地獄、尼刺部陀《にらぶだ》地獄、頞哳吒《あせった》地獄、臛臛婆《かかば》地獄、虎虎婆《ここば》地獄、嗢鉢羅《うばら》地獄、鉢特摩《はどま》地獄、摩訶鉢特摩《まかはどま》地獄の8階層で寒さによる責め苦が行われる。

仏教の地獄ほど多様な責め苦が行われる宗教はほかにない。来世になれば苦しみから逃れられる可能性があるとはいえ、残忍な責め苦の数々は罪人を絶望の彼方へ追いやる。

十王の裁き

閻魔さま、ついに登場!
死者を待ち受ける7つの法廷

死後、極楽に行くか地獄に行くか。地獄なら8つの地獄のどこに堕ちるのか。それを決めるのが「十王《じゅうおう》」と呼ばれる王たちだ。段階的に審理を行い、死者の行き先を決定する

『極楽地獄図』(部分)　狩野山楽
16世紀後半　長岳寺
閻魔王。第5法廷での審理を担当する。古代インドのヤマをルーツとするが、道教と結びついたことから中国風の服装をしている

『十王図』閻魔王幅（部分）土佐光信　1489年　浄福寺

生前のすべての行いを映し出すとされる浄玻《じょうる》璃鏡《りきょう》。閻魔王はこの鏡を使って死者の善行悪行を確認し、罪業を閻《えん》魔帳《まちょう》に記す

行き先は死後すぐには決まらない

ここまでみてきたように、仏教では死後、六道（天道、人道、阿修羅道、畜生道、餓鬼道、地獄道）のどこかに生まれ変わるとされている。では、誰が死者の行き先を決めるのかというと、「十王」と呼ばれる裁判官たちだ。十王が死者の生前の罪を段階的に審理し、六道のどこに行くかを判定するのである。

この考え方は、唐代の中国で仏教が道教と混交するなかで生まれた十王思想に基づく。十王思想から『十王経』という経典がつくられ、平安時代末期に日本に伝来。やがて『地蔵十王経』ができ、日本人の来世観の基盤となった。

『十王経』には、人間が死んだあと、どのような経路をたどるかが記されている。それによると、死者はまず、閻魔王《えんまおう》が派遣した鬼に連れられて「死出の山」へ行き、その山を7日間かけて越える。そして初七日《しょなぬか》（死後7日目）、死出の山を越えたところに待ち受けているのが、秦広王《しんこうおう》による第一の法廷だ。この法廷では、仏教徒としての基本的な戒め（殺生、盗み、邪淫、飲酒、妄語）が守られていたかどうかが裁かれる。

その後、二七日（死後14日目）に初江王《しょこう》の法廷で殺生について裁かれる。三七日（21日後）には宋帝王《そうていおう》の法廷で邪淫について裁かれ、四七日（死後28日目）には五官王の法廷で殺生、窃盗、邪淫のほか、妄語、綺語（言葉巧みに飾り立てる）、両舌（二枚舌で他人を仲違いさせる）、悪口について裁かれる。ここまでの審理の判定は、秤によって行われる。

地獄の帝王、閻魔王が登場

第1～4の法廷での審理が終わると、五七日（死後35日目）に第5の裁きを受ける。ここで審理を担当するのは、十王の最高位にある閻魔王だ。この法廷で、死者は生前の罪をすべて映し出す浄玻璃鏡《じょうるりきょう》という鏡の前に立たせられる。死者は何も言い逃れができず、あらゆる罪業が閻魔帳《えんまちょう》に記される。

死者の審理はさらに続く。六七日（死後42日目）、変成王《へんじょう》の法廷でこれまでの判決の再審が行われ、再審を通過すると七七日（死後49日目）に泰山王《たいざん》の法廷で最終判決が下される。これにより、六道のどこへ行くのか決まるのだ。今日行われている四九日の法要は、この最終判決の日に由来する。しかし、なかには泰山王の法廷で結審しないケースもある。その場合、百箇日（死後100日目）に平等王、一周忌（死後1年目）に都市王、三回忌（死後2年目）に五道転輪王《ごどうてんりん》の法廷で裁きを受け、行き先を決めることになる。

結審までの過程は、室町時代に土佐光信《とさみつのぶ》が描いた『十王図』（130、131ページ）のようにヴィジュアル化されたものが少なくない。人々はそれをみて、自分の罪を省みたのである。

三途の川と賽の河原

悪人が渡る橋はない!
濁流の先には「奪衣婆《だつえば》」と「懸衣翁《けんえおう》」

十王の審理の途中には、三途《さんず》の川と賽《さい》の河原がある。三途の川はあの世とこの世のあいだを流れている川。賽の河原は幼くして亡くなった子どもたちが集う場所。どちらも日本で発展した概念である

『十王図』泰広王幅(部分)
土佐光信　1489年
浄福寺
十王の裁きで善行をした者と認められると、橋を渡って川を越えることができるが、通常は渡河しなければならない。三途の川は下流に行くほど濁流となり、もっとも深いところには悪竜が棲む

『極楽地獄図』（部分）　狩野山楽
16世紀後半　長岳寺
三途の川の河岸にいる奪衣婆《だつえば》。死者はここで衣服を奪い取られる

三途の川の渡り方は3通り

死者は十王の法廷でのさまざまな審理を経て来世へと旅立っていくが、その途中に三途《さんず》の川と賽《さい》の河原があることを忘れてはならない。どちらも「あの世」と聞いた日本人が真っ先にイメージする有名スポットである。

三途の川とは、あの世とこの世のあいだを流れている川のことで、平安時代中期以降に広く知られるようになった。『十王経』によれば、秦広王の第1の法廷と宋帝王の第2の法廷の途中にあり、生前の罪の重さによって渡り方が異なるという。

まず生前に正しい行いをしてきた善人は、川の中流にかかる橋を渡ることができる。『十王図』（134、135ページ）で馬に乗って橋を渡る老人は善人ということだ。軽い罪を犯した者は、川の上流の浅瀬を渡る。上流は流れが緩やかで、それほど苦はない。

これに対し、極悪人は川の下流の難所を渡らなければならない。下流は「江深淵《こうしんえん》」という、濁流がうずまく危険な場所。上流から流れてきた石が身体にぶつかったり、大蛇が待ち構えていたりして、とても渡れそうにない。仮にここで死んだとしても、無理やり生き返らされ、また同じ苦しみを味わうことになる。『十王図』には、いままさに江深淵へ投げ込まれようとしている男と、なんとか渡りきれそうな女が描かれている。

なお、三途の川に渡し船が登場するのは室町時代以降のことだ。渡し船に乗るには六文が必要とされ、ここから死者に六文銭をもたせるようになった。

三途の川を渡ると、恐ろしい形相をした奪衣婆《だつえば》と懸衣翁《けんえおう》の2鬼がおり、死者の衣服をはぎとって、それを衣領樹《えんりょうじゅ》という巨木にかける。巨木の枝は罪の重さによって揺れ、その揺れ具合が、第2の法廷で審理を行う初江王に報告される。

親に先立った子どもが送られる賽の河原

賽の河原は、三途の川の手前に広がっている。三途の川同様、平安時代以降に民間信仰から生まれた概念で、親よりも先に亡くなった子どもたちが、親を悲しませた罪によって、ここに集められるといわれている。その光景は青森県下北半島の恐山《おそれざん》でみることができる。

賽の河原の子どもたちは、現世に残る親や兄弟を思い、石を積み上げて塔をつくる。こうして生前に積めなかった功徳を積むのだ。しかし、石塔ができあがったそばから鬼が崩してしまうので、永遠に完成することはない。

その終わりのない地獄から彼らを救済してくれるのが地蔵菩薩だとされ、現世に残された親は、一刻も早くわが子が賽の河原から救出されるようにと、生前、わが子が愛用したよだれかけを地蔵菩薩の胸にかけるようになった。

高天原《たかまがはら》

アマテラスがおさめる現世とよく似た豊穣の世界

日本をつくった神々は、高天原に住んでいる。高天原は神々が存在する前からあったとされる場所で、人間界とよく似ているともいわれている

【部分】 太陽神アマテラス。神々の住む高天原は、彼女が支配している

『岩戸神楽乃起顕』歌川豊国　1844年
浮世紀文献資料館
神々は天岩戸《あまのいわど》に引きこもってしまったアマテラスを引き出すためにアメノウズメが踊り出すと、アマテラスがようやく戸を開け、暗闇に包まれていた世界に光がさす

意外と知らない!? 神道のあの世

神道は仏教と並ぶ日本の二大宗教だ。開祖がおらず、教えをまとめた聖典もないが、『古事記』『日本書紀』などに書かれた神話を読むと、死後の世界に関する考え方がみてとれる。

神道では、人間が死ぬと魂（遊離魂）が身体から抜け出て他界に行くと信じられていた。他界は天空、山、海、地中などにあり、山中他界観の場合、人の魂は死後しばらく死霊としてこの世の低いところにとどまっているが、やがて山の上に上昇し、子孫に祀られると穢《けが》れが浄化されて祖霊になる。死者の亡骸《なきがら》は山中に埋められ（埋め墓）、里にも詣でるための墓（詣り墓）が設けられる。この山＝里の二重他界が日本の祖霊祭祀《それいさいし》の特徴だ。神社が山や森を背景に建立されてきたのは、こうした山中他界観に基づくものといえる。

日本をつくった神々の住まう、高天原《たかまがはら》という場所もある。『古事記』によれば、高天原は天と地が分かれたときから存在し、最初の神であるアメノミナカヌシによって治められていた。その後、イザナギとイザナミによって地上に大地（日本列島）がつくられ、その地を治めるために天皇の祖となる天孫ホノニニギが降臨した。つまり、高天原は神々の故郷なのだ。高天原の所在地については、日向《ひむか》（宮崎県・鹿児島県）説が知られているが、天香山《あまのかぐやま》という地名が登場することから大和（奈良県）説もある。

高天原はこの世と瓜ふたつ?

高天原は人間界とよく似ているという。山や川、田畑が広がり、神々は自分に与えられた仕事にいそしむ。統治者である太陽神のアマテラスは、世界を照らして作物をたわわに実らせたり、養蚕をして織物の技術を伝授したりしている。確かに、仏教の極楽浄土とは似ても似つかぬ現実的な世界だといえるだろう。

また、天安河《あまのやすから》の近くには天岩戸《あまのいわと》がある。そう、アマテラスが隠れた洞窟である。

アマテラスは乱暴狼藉をはたらく弟のスサノオに辟易し、天岩戸に身を隠したため、世界は光を失い、真っ暗闇になってしまった。困った神々はアマテラスを引き出そうと作戦を練り、天岩戸の前で大宴会を繰り広げた。皆で酒を飲み、歌って踊っての大騒ぎ。そしてアメノウズメが胸をはだけて舞い踊ったところ、神々は大笑いし、その声が高天原中に響き渡った。これを天岩戸のなかで聞いたアマテラスは、ようやく外に出てくる。こうして世界は再び光を取り戻したという。

そのときの様子を記したのが、歌川豊国《うたがわとよくに》の『岩戸《いわど》神楽《かぐら》乃《の》起顕《きげん》』（138、139ページ）。天岩戸を少し開けて外の様子をうかがうアマテラスから神々しい光がさす。太陽神たる所以である。

黄泉《よみ》

イザナミが王として君臨する死者たちの地下他界

黄泉は地中にある死者の国。本作に描かれた黄泉比良坂《よもつひらさか》が地上との境で、黄泉へはここを通っていく

【拡大図】

頭を抱えながら黄泉醜女から逃げるイザナギ。
明るい地上にたどり着くまでもう少しだ

『黄泉比良坂』青木繁
1903年　東京藝術大学
青紫調の色彩が黄泉の国の深さ、暗さを感じさせる

薄暗くて汚い死者の国

日本神話では、地中に黄泉《よみ》という死者の国があるとしている。先述したとおり、通常の人間が死後に行くのは黄泉ではなく、この世（葦原中国《あしはらのなかつくに》）にある山中他界だが、かつてこの世と黄泉は黄泉道でつながっていて、行ったり来たりできたといわれる。

黄泉は「夜見」と書かれたり、「根《ね》の国（『古事記』では根の堅州国）」と同一視されることからもわかるように、薄暗くて汚い世界だと認識されてきた。また、イザナギとともに国生みを行ったイザナミが、黄泉の王として君臨していると信じられている。イザナミが黄泉の王となった経緯は、『古事記』『日本書紀』に詳しい。

亡き妻を思い、黄泉の国を訪れたイザナギ

イザナギ・イザナミ夫妻は日本列島をつくったあと多くの神々を生んだが、最後に火の神カグツチを生んだときにイザナミが女陰に火傷を負い、それが原因で死去、黄泉へ行ってしまった。イザナギはいとしい妻を連れ戻す決心をし、黄泉比良坂《よもつひらさか》を通って黄泉へ足を踏み入れる。

黄泉に着くと、イザナギはイザナミに「一緒に帰ろう」と懇願する。しかし、イザナミ

は「私は黄泉の住人になってしまったので現世に帰ることはできないのですが、黄泉の神々に相談してみるので待っていてください。待っているあいだは、決して私の姿をみないでください」と答えた。

イザナギはしばらく待ってみたが、イザナミはなかなか戻ってこない。そこで髪につけていた櫛の歯を折って灯りをつけ、なかをのぞいてみると、腐った身体にウジがたかったイザナミの死体があった。

イザナギは、怖くなって一目散に逃げ出す。一方、辱めを受けたイザナミは激怒し、黄泉の鬼女である黄泉醜女《よもつしこめ》らに夫を追わせた。それでもイザナギはなんとか黄泉比良坂にたどり着くと、桃の実を投げつけて追っ手を退け、大岩（塞神《さえのかみ》の原型）で黄泉比良坂の入り口の穴をふさいだ。これにより、この世と黄泉の行き来ができなくなったとされている。

イザナギの逃亡劇を描いたのが、明治時代の洋画家青木繁《あおきしげる》による『黄泉比良坂』（142、143ページ）。右上の明るい部分が地上で、頭を抱えて逃げるのがイザナギ。青紫の色調が黄泉からの追っ手の不気味さを際立たせている。

イザナギに逃げられたイザナミは結局、黄泉にとどまった。そして黄泉の王となり、黄泉神と呼ばれるようになった。この逸話が黄泉の薄暗くて汚い世界というイメージにつながっているのである。

カイラス山・地獄

人間が人間を喰う地獄、心地よい音楽が流れる天国

あらゆる享楽が存在する高山

インドは仏教発祥の地である。しかし5世紀以降、土着の宗教バラモン教から変化したヒンドゥー教が勢力を拡大すると、インド仏教は衰退していく。現在のインドでは仏教徒は1%にも満たず、8割以上をヒンドゥー教徒が占めている。

ヒンドゥー教が成立した頃、古代インド人が神聖視していたのがカイラス山だ。この山はヒマラヤ山脈の北側に位置するカイラス山脈の主峰で、カイラスとはサンスクリット語で「水晶」「氷」を意味する。標高6656メートルに達し、切り立った斜面に守られているため、人はなかなか近づけないが、ヒンドゥー教だけでなく仏教やラマ教（チベット仏教）、ジャイナ教などでも聖地とみなされてきた。

インドは高温多湿な気候のため、涼しくて過ごしやすい高山に天国があると考えられた。カイラス山もそうした天国の一つといえる。

『カイラーサ山の上のシヴァとパールヴァティーの聖なる家族』クンスト・フル・アリ　18世紀

上方に描かれているのが、カイラス山で過ごすシヴァ夫妻と子どもたち。その様子を大勢の人々が拝んでいる

カイラス山にはヒンドゥー教の最高神シヴァが住み、瞑想に耽っている。

紀元前1200〜1000年頃、現在のかたちに編纂されたバラモン教の聖典『リグ・ヴェーダ』によれば、シヴァが住まう天国に行くことのできた死者は、肉体を与えられ、心地よい音楽が流れるなかで、おいしい食事と酒を振る舞われる。さらに多くの美女たちと心の赴くままに戯れることができるという。

18世紀の画家クンスト・フル・アリが描いたのは、カイラス山で過ごすシヴァと神妃パールヴァティー、そして子どもたちの姿だ。その下では大勢の人々がシヴァたちを拝んでいる。

のちに閻魔大王となるヤマとは？

一方、古代インドでは地獄

についても考えられていた。地獄の世界観がはじめて具体的に示されたのは、紀元前9世紀頃のバラモン教の文献『ジャイミニーヤ・ブラーフマナ』で、そのなかにヴァルナ神の子どものブリグが死後の世界をみてまわる話が載っている。

ブリグがみた第1から第3までの世界は、人間が人間を喰らう世界。第1の世界では人間が人間を切り刻んで食べる。第2の世界では泣き叫ぶ人間を人間が食べる。第3の世界では沈黙のなかで人間が人間を食べる。以上、第1から第3までが地獄の世界だ。

第4の世界では二人の女が大きな財宝を守っている。第5の世界では血の川とバターの川が流れるなか、黒い鬼が登場する。そして最後の第6の世界は極楽のような美しい世界が展開する。

その後、4世紀頃に完成したとされるヒンドゥー教の宗教的叙事詩『マハーバーラタ』では、ヤマという死の世界の王が描かれている。

じつはこのヤマ、バラモン教の聖典『リグ・ヴェーダ』では理想の楽土の主宰者とされており、地獄との関連性はみられない。しかし、『マハーバーラタ』におけるヤマは、死者の生前の罪を裁く恐ろしい神へと変わっている。『ヤマの法廷』に描かれたヤマも恐ろしい形相だ。ちなみに、ヤマは中国に伝わると「閻魔」と音写され、そこから「閻魔王」あるいは「閻魔大王」と呼ばれるようになった。そして、地獄の裁判官という仏教世界に

『ヤマの法廷』
作者不詳　1800年頃

ヤマは『マハーバーラタ』においては、死者の生前の罪を裁く恐ろしい神として描かれる

おける性格を確立していくことになる。

『リグ・ヴェーダ』には、地獄の光景についても詳細に記されている。

地獄は闇に覆われ、罪人の肉と血がまるで泥のように放置されている。周囲には火が燃え盛り、ブヨやハエ、蚊が飛び回り、ちぎれた死体にはウジがわいている。さらに針の口をし、腹が膨れた亡者がひしめいている。そうしたなかで、罪人は鉄のくちばしを持つハゲタカに襲われるという、恐ろしい責め苦にあう。

地獄はそんな身の毛もよだつ場所なのだ。

輪廻
生死を何度も繰り返す輪廻転生のしくみとは？

死者が歩む五火・二道説とは？

仏教のあの世についての考え方は、輪廻転生の世界観を基本としている。人間をはじめとするすべての生き物は生まれては死に、生まれては死にを繰り返すというものだ。この輪廻転生のおおもとになった古代インドの世界観を五火《ごか》・二道説《にどうせつ》という。

五火・二道説は、紀元前6世紀以前に書かれたバラモン教の聖典『ウパニシャッド』の「チャーンドーグヤ・ウパニシャッド」という経典に書かれている。

その経典によると、五火は死んでから再生するまでのプロセスを順に説いたものとされている。

人が死ぬと火葬され、火葬場で煙となった魂は月に入る（1）。やがて魂は雨となって地上に降り注ぎ（2）、植物の根から吸収されて植物の養分となる（3）。養分が男性に食べられると精子になり（4）、母胎へ入って再び生まれる（5）。この（1）〜（5）の一連

『ブラフマー』
A.ジェリンガー　19世紀

ブラフマーは宇宙の真理を体現する神。この神の世界に至ると、輪廻から脱することになる

の流れを五火というのである。

次に二道は、神道と祖道からなる。

神道は、現世で出家するなど熱心に修行に励む者が進む道だ。この道に入った者は火葬されて煙になって天界へ昇り、太陽や月、稲妻などを経て、最終的には宇宙の真理を体現するブラフマー（梵天《ぼんてん》）の世界へたどり着く。

ブラフマーの世界に至ると輪廻から脱し、永遠に幸福な生活を送ることができる。ただし、神道に入れるのはごく少数に限られ、ほとんどは祖道に進むことになる。

祖道は出家などをせずに善行につとめる者の道だ。この道に入った者は火葬されて煙になると月へと到着し、雨になって地上へ降り注ぐ。地上に降り注いだ雨は土に浸み込み、植物の養分として吸収される。そして養分は男性に食べられることで精子になり、やがて精子が母胎へ入って新たな命となって再生する。

つまり祖道は、先に述べた五火を経て、人間としてこの世に再生するまでの流れを意味するのである。

地獄が組み込まれた輪廻「六道」

このプロセスこそ輪廻転生であり、輪廻の輪から脱すること（解脱）が何より重要だとされた。どうすれば解脱できるのかというと、アートマンという不変の自己とブラフマー（宇宙の原理＝梵）を一致させなければならない（梵《ぼん》我《が》一如《いちにょ》）。

その後、輪廻転生に種の超越と前世の影響という二つの新しい考え方がつけ加えられる。現世で善行を行った者の魂は王族や僧侶に転生し、罪を犯した者の魂は動植物や岩などに宿るとされた。つまり、前世の行いによって、転生先が変わると考えられるようになったのである。

この古代インドの輪廻転生の考え方を引き継ぎ、体系化したのが仏教の六道輪廻だ。先に述べたとおり、六道とは天道、人道、阿修羅道、畜生道、地獄道の6つの世界を意味し、

『輪廻図』（部分）
作者不詳　19世紀

6分割された円環のなかに六道の様子が描かれている。その背後で睨みを利かせているのは閻魔王（ヤマ）

閻魔王をはじめとする十王の裁きによって行き先を決められる。

六道輪廻の世界観は、19世紀に描かれた『輪廻図』をみるとよくわかる。6分割された円環のなかに六道の様子が描かれており、六道の背後では死者の裁きを行う閻魔王（ヤマ）が睨みを利かせている。

こうしてみると、古代インドの思想がいかに仏教と深い関係にあるかが理解できるだろう。

崑崙山《こんろんさん》

不老不死になれる！天と地をつなぐ女仙人の巨大な山

天上に住む天帝の下界における都

古代中国のあの世の世界観は、じつにユニークである。孔子の教説を中心とする儒教、道を説き不老長寿を究極の理想とする道教、インドから伝わった仏教の「中国三大宗教」に加え、神仙思想なども交えながら、死後の世界について多様なイメージが生み出されてきた。そのなかの一つが、崑崙山という山の上に存在するとされる、不死の天国だ。

古代中国において、崑崙山は神話伝説上の山であった。戦国時代末期から前漢時代にかけて編纂されたとみられる地理書『山海経《せんがいきょう》』によれば、それは中国の西北、黄河の源に位置しており、広さ約1万平方キロ、高さ約1万5000キロにもなる巨大な山だという。

天上に住む天帝は、この山を下界における都としていた。つまり、崑崙山は天上界と地上界を結ぶ役割を担う山であった。

天帝は人間が死ぬと鳳凰《ほうおう》を遣わし、その魂を崑崙山へと導く。崑崙山にたどり着いた者は、そこで優雅な暮らしを送ることができるとされた。

☯神仙思想の影響で仙人の住み処へと変化

だがその後、不老不死の仙人の存在を信じ、仙人を理想とする神仙思想が普及すると、仙人をめざす者たちの最終目的地とみなされるようになる。つまり、崑崙山には女性の仙人西王母《せいおうぼ》が居を構え、その付近を不老不死の水を得られる川が流れているという、地上の楽土として理想化されたのである。

崑崙山は単に高いだけでなく、八方を断崖絶壁に囲まれていて非常に険しい。また、山頂へ到達するためには、虎の身体に9つの顔のついた開明獣《かいめいじゅう》が番をつとめる門を9つも通らなければならない。

しかし、山頂には西王母の豪華な帝宮のほか5つの宮殿があり、その周囲には宝石の実をつける木や不老不死の実をつける木が茂っている。さらに近くに屹立する崑崙山の倍の高さの涼風山に登ることができれば不死を得られ、涼風山の倍の高さの県圃山《けんぽざん》に登ることができれば雨風を自由に操る神通力を得られる。そして、県圃山の倍の高さの上天というところまで登ることができれば天上界へ到達し、神になれるとも考えられていた。

崑崙山を統治する西王母は、もとは疫病や刑罰をつかさどる恐ろしい鬼神であった。

『西王母』
シー・ウェンリ　18世紀

かつて鬼神であったことなどを微塵も感じさせない美しい西王母

『山海経』にも、豹の尾と虎の歯をもち、髪をふり乱してはるか遠くまで聞こえるほどの叫び声をあげるという西王母の姿が描かれている。

ところが、時代が下ると、不死の神として崇められるようになる。その姿を描いたのがシー・ウェンリの絵画だ。

彼の手による西王母は眉目《びもく》秀麗《しゅうれい》に描かれており、かつて鬼神であったことなど微塵も感じさせない。この変身の背景には、西王母を信じれば疫病や刑罰から逃れられるという信仰の拡大があったといわれる。

西王母に関しては、彼女が３０００年に一度だけ開催する蟠桃勝会《ばんとうしょうえ》というエピソードも広く知られている。

『西王母の桃の祭り』

作者不詳　17世紀

西王母が3000年に一度だけ開催する蟠桃勝会の宴をモチーフにした作品

西王母は崑崙山の瑶池《ようち》のほとりで蟠《ばん》桃《とう》という桃の樹を３６００株も育てている。蟠桃は３０００年に一度しか実が熟さないが、一つ食べると３０００年の寿命が得られ、仙人になれる。そこで西王母は、蟠桃の実が熟す頃になると仙人や菩薩などを招いて大宴会を行うというのである。

その蟠桃勝会を主題にした絵が、17世紀に描かれた『西王母の桃の祭り』だ。

いくつもの宮殿が山々を背景にして立ち並ぶ、幻想的な崑崙山の光景が描かれている。宮殿のなかでは、さぞかし華やかな宴が繰り広げられているのだろう。

泰山《たいざん》

寿命が書かれたノートで管理！山は魂の集積地

名山・泰山に冥府が存在する

古代中国では当初、地獄という概念がなかった。中国人が地獄を知り、その世界観が構築されたのは5世紀に道教が成立してからだ。

そもそも道教とは、不老不死の仙人を目指す神仙思想などを体系化した中国の伝統宗教である。20世紀半ばに中華人民共和国が誕生し、宗教活動が制限されるとかなり衰退したが、現在は復興。台湾や東南アジアの華僑《かきょう》のあいだでも根強く信仰されている。

道教成立以前、中国北部の黄河流域では、泰山という山に死者が集まると考えられていた。泰山とは、山東省中部に実在する標高約1545メートルの山。陝西省《せんせいしょう》の華山（西岳）、湖南省の衡山《こうざん》（南岳）、山西省の恒山（北岳）、河南省の嵩山《すうざん》（中岳）とともに5岳を形成する名山だ。

泰山の頂上には泰山府君《たいざんふくん》という神が住んでおり、人間の寿命が記された「禄命簿《ろくめいぼ》」を管

『早春図』
郭熙　1072年

泰山をはじめとする山岳信仰が、のちの山水画の流行につながった

理している。泰山府君は寿命が尽きた人間がいると使者を遣わし、その人間の魂を泰山に連れてくるという。ただし、死者が集まるのは泰山だけではなく、華山、衡山、恒山、嵩山も死者の集積地とされていた。

こうした山岳信仰は、のちの山水画の流行につながった。山水画の基本的構図法を完成させた北宋時代の画家郭熙《かくき》は、『早春図』という傑作を残している。上へ上へと昇っていくようにみえる大きな山に楼閣や滝、曲がりくねった枯れ木などが描かれている。特定はできないが、泰山に思いを馳せて描いたのかもしれない。

さて、道教の地獄は泰山信仰と仏教、道教が習合することによって確立されていった。

まず3世紀頃、インド

から仏教が伝来し、地獄の概念が広まる。これによって、泰山の下に地獄があると考えられはじめた。その後、道教が泰山地獄の信仰を発展させると、泰山は中国でもっとも多くの死者が集まる場所とみなされるようになった。

では、泰山の地獄はどのようなところなのかというと、仏教の地獄とよく似ている。人間が死ぬと、泰山主簿、泰山録事、泰山五伯らがその魂を泰山へと連れてくる。泰山府君は死者の生前の行いを審判し、罪があると判断すれば地獄へ堕とす。

さらに道教の影響から、死者は泰山に赴く前に死地の土着の神に裁かれ、そのあとで泰山へと送られるとも考えられた。

羅酆山というもう一つの死後の世界

一方、中国南部の長江流域では羅酆山《らほうさん》という死後の世界が信じられていた。人間は死後、この山に赴くというものである。

5~6世紀の学者陶弘景《とうこうけい》が著した道教の書『真誥《しんこう》』によれば、羅酆山は中国北方の海上に浮かんでいる。高さ約2600キロ、周囲約1万5000キロと途方もなく大きく、北帝君が支配している（一般には羅酆山の支配者は酆都北陰大帝《ほうとほくいんたいてい》とされる）。

山上の洞には6つの宮室があり、通常の死者は第1宮、信仰が薄い者は第5宮、戒律を破った者は第6宮で裁かれる。急死者は第2宮から第1宮へ、聖人は第3宮から第1宮へとまわる。第4宮は吉凶の処理のために使われる。罪人が堕ちる地獄も存在するとされるが、その地獄については酆都二十四獄、酆都三十六獄、九幽地獄など諸説あり、はっきりとわからない。

『蝦《が》蟇《ま》鉄拐《てっかい》仙人図』(部分)
曾《そ》我《が》蕭白《しょうはく》　18世紀

鉄拐仙人。若いときに道術を得て、空中に自分の姿を吐き出すことができるとされる

なお、道教でイメージされた理想郷は死後の世界というよりも、不老不死の仙人が暮らす仙境である。道教が目指すのは仙人になることだからである。

仙境としては蓬莱《ほうらい》、方丈、瀛州《えいしゅう》の三神山がよく知られ、先に述べた崑崙山も仙境の一つとされた。

東方世界のその他のあの世

自然を通して現世とつながる異界の存在

◉重要経典『死者の書』の役割とは？

チベット語圏で独自に発達した仏教のことをチベット仏教という。チベット仏教ではダライ・ラマを最高指導者として尊崇し、密教的な教えを特徴としているが、死後の世界に関する考え方は基本的には通常の仏教と変わらない。誰もが六道輪廻のなかにいて、そこから解脱することを目的としている。

しかし、『死者の書』という経典はほかの仏教にはない独特のものだ。チベット仏教では死後49日間がもっとも解脱しやすい期間と考えられている。そこでチベット仏教の僧侶は、臨終間際の者の枕元で『死者の書』を読み聞かせ、死んだあとも49日までずっと『死者の書』の読経を続けるのだ。

それによって、死者はうまくすれば解脱できたり、六道のなかの恵まれた世界へ転生することができるといわれている。

◉巨人の身体のなかにあの世がある！

インドで仏教とほぼ同時代に成立したジャイナ教では、きわめてユニークな死後の世界が想定されている。『リグ・ヴェーダ』には、万物がその身体から生じたとする原人プルシャが登場するが、ジャイナ教では、プルシャの身体のなかにあの世が存在すると考えているのだ。プルシャは千の目と千の足をもつ巨人だという。

まず人間の住む世界がプルシャの胴のあたりに存在する。胸から上の部分には天国があ

『ジャイナ教宇宙の構造』
作者不詳　16世紀

『リグ・ヴェーダ』では、原人プルシャの身体から万物が生じたと説かれている

り、下半身には地獄がある。右足部分が地獄にあたるという説もある。

仏教と同じくジャイナ教でも輪廻転生が信じられており、輪廻から解脱した者だけが天国に行くことができる。それ以外の者は地獄に堕ち、８４０万もあるとされる責め苦を受ける。そうして邪悪な心を焼き払われ、浄められながら天国をめざすのである。

◉非業の死を遂げると天国に行ける

シベリアでは、シャーマン（呪医）を介して神霊や祖霊と心を通わせる原始宗教が信奉されているが、シベリアのオスチャーク族は、現世での生き方ではなく死に方で天国行きか地獄行きかが決まると信じている。つまり、狩猟中に事故で死んだり猛獣に噛み殺されるといった非業の死を遂げた者だけが天国へ行き、安らかな死を迎えた者は地獄へ行くというわけだ。さらに冥界は、地上とは何もかもが逆さまの世界になっている。地面は上にあり、木は下向きに茂り、人も下向きに立っている。理由は不明だが、シベリアのほかにモンゴル周辺のシャーマニズム社会などでも同じような世界観が見受けられる。

◉常夏の島々に共通する冥界

厳寒のシベリアとは真逆の気候の常夏の島々でも、珍しい死後の世界観が確認できる。

たとえばハワイでは、天空や地下に3つの異界が存在するとされている。天空にあるのがアオ・アウマクア。ここへは貴族階級の人々のうち、祖神によって居場所を確保されていた死者だけが行くことができ、幸福な生活を送れる。

祖神の世界に行くことのできない死者はアオ・クウェアへ行く。そして海底の水浴び場に行き、運がよければ新たな肉体を得て再生できる。運が悪ければ消滅することになる。

地下にあるミルは真っ暗な地獄のような場所で、一般の人々や罪人の魂が行く。ここに堕ちると女神ミルに捕らえられ、かまどに投げ込まれて燃やされてしまう。しかし、これは刑罰というわけではなく、永遠の死を与えられることを意味する。ミルは冥界ポにあるいくつかの世界のなかの一つだが、ポリネシアの島々やニュージーランドなどでも冥界ポの存在が信じられている。

ポリネシアの天地創造神話によれば、ポはアオと一対のものであり、ポは闇、アオは光を意味する。そして、ポとアオが結合することによって世界が発展したというのだ。ポ＝地下の暗黒世界というイメージは、これに由来すると考えられる。

渓谷の突端や海に臨む断崖絶壁が冥界ポへの入り口とされ、そこには神聖な木が生えている。木のそばには子どもたちの魂がおり、死者の道案内をしてくれるといわれている。

あの世の住人

釈迦如来

現世を憂い、悟りを開いた仏教の創始者

『釈迦牟尼』作者不詳　17世紀

仏教の創始者釈迦は、本名をゴータマ・シッダールタという。紀元前5世紀、北インド（現ネパール）にシャカ族の王子として生まれ、何不自由なく育ったが、29歳のときに人生の苦しみから解脱しようと、いっさいを捨てて出家した。そして6年間修行を続け、菩《ぼ》提樹《だいじゅ》の下で瞑想《めいそう》に耽《ふけ》っているときに悟りの境地を得た。これ以降、ブッダ（真理に目覚めた人）として45年間布教に励んだのである。

ブッダは誕生仏、涅槃《ねはん》像、苦行像など、さまざまなかたちで表されるが、本作は信徒たちに説教しているときの姿を表した説法像である。

鬼

鉄棒で人間を粉々に打ち砕く地獄の獄卒

『地獄草紙』作者不詳　12世紀

日本の昔話や説話にはさまざまな鬼が登場するが、地獄にいる鬼といえば牛頭《ごず》と馬頭《めず》だ。

牛頭は頭が牛で身体は人間、馬頭は頭が馬で身体は人間の半獣半人の獄卒《ごくそつ》（悪鬼）。『地獄草紙』のようにセットで描かれることが多く、「牛頭馬頭」とも呼ばれる。

牛頭は獄卒の指導者とされ、牛頭の角が鬼＝頭に角があるというイメージをつくったといわれている。馬頭は生前に馬を苦しめた者がなるとされる。どちらも鉄棒をもっていて、人間をみつけると、その鉄棒で粉々に打ち砕く。あるいは鋭利な刀で一刀両断にする。非常に恐ろしい存在だ。

あの世の住人

イザナギ・イザナミ

日本をつくり出した男女の創造神

『天瓊を以て滄海を探るの図』小林永濯　1880年代

『古事記』『日本書紀』によれば、日本列島は、高天原にいたイザナギとイザナミの2神によってつくられた。

2神が天上に架かる天浮橋《あめのうきはし》に立ち、もっていた矛《ほこ》で海をかき混ぜると、オノゴロ島が生まれる。島に降り立った2神は、本格的な国づくりを開始。男女の交わりを行い、淡路島を皮切りに四国、九州、本州などを次々と生んでいく。こうして大八島国（日本列島）ができたという。

幕末～明治時代の画家小林永《えい》濯《たく》が描いた本作は、2神が矛で海をかき混ぜている場面。右がイザナギ、左がイザナミである。

あの世の住人

スサノオ

乱暴者から英雄へと変身を遂げたイザナギの子

『スサノオとクシナダヒメ』豊原周延　1870年

日本神話の神々のなかで、もっとも破天荒な神がスサノオだ。イザナギの鼻から生まれたスサノオは、左目から生まれたアマテラス、右目から生まれたツクヨミとともに「三貴子」と呼ばれる重要な神だった。しかし、大人になっても母の元に行きたいと泣きわめくばかりで、イザナギに追放されてしまう。その後高天原のアマテラスを訪ねるも、調子に乗って乱暴狼藉をはたらき、天岩戸に引きこもられてしまう。

だがその後、スサノオは大変身。ヤマタノオロチを退治し、クシナダヒメを妻に迎え、多くの神々を生むことになる。

あの世の住人

インドラ（帝釈天）

インドでもっとも人気の高い戦いの神

『白象に乗ったインドラ』作者不詳　1820-25

日本と同じく、インドにも多数の神々が存在する。そのなかで、庶民にもっとも人気の高い神のひとつがインドラだ。

軍勢の長としてアスラ（阿修羅）一族と激闘を繰り広げるなど勇猛果敢な神だが、その一方では好色で酒好きでもあった。悪鬼ヴリトラによって地上が干ばつに見舞われると、ソーマという酒を飲んで気分を盛り上げ、ヴリトラを成敗したという。

やがて仏教に取り入れられると帝釈天《たいしゃくてん》と呼ばれ、広く崇拝されることになる。聖獣とされる白い象に乗った武人の姿で描かれることが多い。

あの世の住人

ブラフマー（梵天）

仏教にも取り入れられたヒンドゥー3大神の一柱

『ブラフマー』ソネラ　1782年

ヒンドゥー教には3大神といわれる重要な神がいる。宇宙を維持するヴィシュヌ、破壊神シヴァ、そして創造神ブラフマーだ。

ブラフマーは古代インドのウパニシャッド哲学の最高原理「ブラフマン」（生命の源、真理の意味）を人格化した神で、4つの顔と手をもっている。主にカースト制度の最高位バラモン（僧侶）によって信奉されていた。

仏教に取り入れられると梵天《ぼんてん》となり、インド時代と同じく支配階級に信仰された。しかし庶民のあいだではあまり浸透せず、インドラ（帝釈天）のほうが多くの信仰を集めることになった。

あの世の住人

ラーヴァナ

神々をも寄せつけぬ力をもつ古代インド最強の魔王

『ラーヴァナの死』コルモン　1820年代

ラーヴァナは古代インドの叙事詩『ラーマーヤナ』に登場するヒンドゥー教の悪魔である。絵をみてわかるように、その姿はじつに恐ろしく、10の頭と20の腕、銅色の目、月のように輝く歯をもつ。さらに身体は山のように大きく、その力は神をも凌駕する。

圧倒的な力で神々を打ち負かし、略奪を続けたラーヴァナであったが、神々に遣わされたラーマ王子に大苦戦。最後は王子に心臓を射抜かれ、命を落とす。

神々をまったく寄せつけず、悪事の限りを尽くした巨大な悪魔は、一介の人間によって打ち倒されたのである。

あの世の住人

カーリー

殺戮の限りを尽くす異形の戦闘女神

『カーリー』作者不詳　1885-95年

黒い身体に生首の首飾りをかけ、血糊のついた大きな刀を振り上げ、長く赤い舌を垂らした恐るべき姿――。インド神話の女神カーリーである。

カーリーは単なる女神でなく、血と殺戮を好む戦いの女神。無敵の魔神マヒシャ・アスラを倒すために、神々によって生み出されたという過去をもつ。アスラとの戦いでは見事勝利するが、最後は血を飲み干し、身体を喰らうという残虐性をみせつけた。

悪魔と戦うためには自ら悪魔にならなくては負ける――そんな信念をもつ戦闘女神がカーリーの本性なのである。

あの世の住人

伏義・女媧

人間の上半身と蛇の下半身をもつ人類の始祖

『伏羲・女媧』作者不詳　8世紀

伏義《ふっき》と女媧《じょか》は古代中国の兄妹神。どちらも上半身は人間、下半身は蛇という異形の神だ。

伝説によると、あるとき大洪水が起こり、人類はみな死に絶えてしまった。しかし、伏義と女媧だけは生き残り夫婦となった。そして現在の人類の始祖となったという。

その後、女媧は人間をつくる。その際、黄土を丁寧にこねると貴人となり、適当にこねると普通の人間になった。一方、伏義は中国最古の君主とされ、製鉄や漁業を教えたと伝わる。八卦を使う占いや婚姻の制度も彼の発明だという。

【主な参考文献】

『天国と地獄』神原正明、『ギリシャ神話集』ヒュギーヌス（講談社）／『謎解きヒエロニムス・ボス』小池寿子、『ベラスケス』大高保二郎（新潮社）／『ファラオと死者の書』吉村作治（小学館）／『現代日本美術全集7 青木繁 藤島武二』後藤茂樹編集（集英社）／『死後の世界』渡辺照宏、『ギリシア・ローマ神話』野上弥生子（岩波書店）／『図説ヒエロニムス・ボス』岡部紘三、『ダンテ『神曲』講義』平川祐弘（河出書房新社）／『中野京子と読み解く名画の謎 旧約・新約聖書編』中野京子、『聖母マリア伝承』中丸明（文藝春秋）／『別冊太陽 太陽の地図帖20 地獄絵を旅する』加須屋誠監修（平凡社）／『古代エジプト』笈川博一、『崑崙山への昇仙』曽父川寛（中央公論社）／『天国と地獄の百科』ジョルダーノ・ベルティ、『天国と地獄の事典』ミリアム・ヴァン・スコット 奥山倫明監修（原書房）／『終末の名画』平松洋（学研パブリッシング）／『西洋美術の主題と物語』三輪福松（朝日新聞社）／『総図解 よくわかる聖書とキリスト教』前島誠監修（新人物往来社）／『ドレの神曲』ダンテ ドレ（宝島社）／『「死」の博学事典』荒俣宏監修、『芸術都市の誕生』樺山紘一 田中英道ほか（PHP研究所）／『死生学2 死と他界が照らす生』熊野純彦 下田正弘編（東京大学出版会）／『宗教心理学概論』金児曉嗣監修（ナカニシヤ出版）／『はじめの哲学』三好由紀彦（筑摩書房）／『図解 天国と地獄』『図解 悪魔学』草野巧、『悪魔の姿』ローラ・ウォードウィル・スティーズ、『図解 日本神話』山北篤、『幻想世界の住人たち』建部伸明と怪兵隊（新紀元社）／『キリストとその教会』百瀬文晃（サンパウロ）／『聖書・文学・芸術で読む歴史 キリスト教の天国』アリスター・E・マグダラス（キリスト新聞社）／『西欧絵画に見る天国と地獄』ロバート・ヒューズ、『道教の神々と祭り』野口鉄郎 田中文雄編（大修館書店）／『西洋絵画の主題物語Ⅰ聖書編』諸川春樹監修、『天使と美術の物語』『悪魔の美術と物語』利倉隆、『聖母マリアの美術』諸川春樹ほか（美術出版社）／『怖くて美しい世界の名画 天使と悪魔編』（綜合図書）／『もっと知りたいボッティチェッリ 生涯と作品』京谷啓徳（東京美術）／『三大宗教 天国・地獄QUEST』藤原聖子（大正大学出版会）／『知っておきたい 地獄・冥界・異界と天国』山北篤監修（西東社）／『地獄の歴史』アリス・K・ターナー（法政大学出版局）／『生と死の北欧神話』水野知昭（松柏社）／『水木しげるのあの世の事典』水木しげる（東京堂出版）／『天使の事典』ジョン・ロナー（柏書房）／『世界の天使と悪魔』藤巻一保監修（ナツメ社）／『地獄と極楽がわかる本』（双葉社）／『地獄の本』（洋泉社）／『他界へ翔る船「黄泉の国」の考古学』辰巳和弘（新泉社）／『インド人の考えたこと』宮元昭一、『インド宇宙論大全』定方晟、『東洋における死の思想』吉原浩人（春秋社）／『ヒンドゥー神話の神々』立川武蔵（せりか書房）／『道教事典』野口鉄郎ほか編（平河出版社）／『死後の世界 インド・中国・日本の冥界侵攻』田中純男編（東洋書林）

監　修

蔵持不三也（くらもちふみや）

1946年、栃木県生まれ。早稲田大学第一文学部仏文専修卒業後、パリ第4大学(ソルボンヌ校)修士課程(比較文化専攻)、パリ高等社会科学研究院博士課程（文化人類学専攻）修了。博士（人間科学)。早稲田大学人間科学学術院教授・モンペリエ大学客員教授。主な著書に『ペストの文化誌』（朝日新聞社)、『シャルラタン-歴史と諧謔の仕掛人たち』『英雄の表徴』(新評論)、『ヨーロッパ民衆文化の想像力』『医食の文化学』(共著、言叢社)などがある。そのほか訳書も多数。

※本書は書き下ろしオリジナルです。

じっぴコンパクト新書　281

JIPPI Compact

「あの世《よ》」の名画《めいが》

絵画《かいが》で読《よ》み解《と》く世界《せかい》の宗教《しゅうきょう》

2016年1月15日　初版第1刷発行

監　修……………蔵持不三也

発行者……………増田義和

発行所……………実業之日本社

〒104-8233　東京都中央区京橋 3-7-5　京橋スクエア

電話（編集）03-3562-4041

（販売）03-3535-4441

http://www.j-n.co.jp/

印刷所……………大日本印刷株式会社

製本所……………株式会社ブックアート

ISBN978-4-408-45589-1（学芸）